風船おじさんの調律

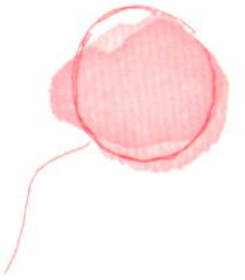

石塚由紀子

未來社

「風船おじさん」のこと

「風船おじさん」というニックネームがいつついたのか分からないが、今思えば、常に何か夢を見ているような、彼にはぴったりな表現だったような気がする。私と鈴木嘉和さんの出会いは、私が毎日新聞大阪本社で社会部の記者をしていたころだった。環境問題などを担当していたこともあり、「鳴き砂博士」として知られる同志社大学工学部の三輪茂雄教授の所を時々、訪ねて取材をしていた。鳴き砂というのは、砂浜を歩くと、砂が摩擦を起こして、「キュッ、キュッ」と音が出る現象で、環境汚染の少ないきれいな砂浜だけにみられる。

この仕組みを研究すると同時に環境汚染で年々姿を消しつつある鳴き砂の浜を、なんとか残そうという運動にも取り組んでいた。そして、海岸ではないが、米国のサンドマウンテンという山の砂も、鳴き砂として知られていたが、最近若者が車で登るようになり、砂が汚れて鳴かなくなっていた。そこで三輪教授は、米国へ行って「鳴き砂の山を保護してほしい」と訴える計画を立てていた。

丁度おなじころ、鈴木さんが東京で風船を使って「空中散歩」をすることを繰り返していた。この話を知った同教授が鈴木さんに環境保護への協力を依頼、同時に大学での講演を頼んだ。このため鈴木さんが、東京から京都にある同志社大キャンパスまで訪ねてきた時に初めて、私も会った。再婚間もない（これは後で知ったことだが）石塚由紀子さんも一緒だった。話を聞いてみると、これがなかなか面白い。なんでも風船を複数上げてその下のゴンドラに乗り込み、偏西風に乗って、太平洋を横断し、米国の人たちに鳴き砂保護を訴えれば、効果があるだろうということだった。

私もそんなことが現実にできるのだろうかと、不安になり、学者ら専門家にも取材してみた。その結果、低温対策や、低い気圧対策などをしっかりすれば、不可能ではなく、ジェット気流に乗れば、数日でアメリカ本土に到達できるだろうということだった。

その記事を毎日新聞に載せたが、それから5か月ほどして、鈴木さんが琵琶湖畔から風船で飛び立ち、行方不明になったとのニュースが飛び込んできた。そのときはまだ運輸省などの許可がおりていないと聞いていたので、正直、「なぜ?」と驚いた。それでも事前の準備を万端にしていれば、成功したかもしれない。だが、周到な準備をしても、日本の役所がそんな「冒険」を認めるかどうかは保証の限りではない。彼はそんなことを考えていたのかもしれない。

冒険と言うのは、様々な形があり、ロマンチックな夢を追いかけることも、その一つの形だろう。彼をよく知らない人は「無謀な計画」と非難するかもしれない。でも石塚さんの原稿を読み、彼の生き様を知ると、今回の行動も彼にとってはそれほど無謀とは思わなかったのだろう。音楽家の彼は、音楽の道を通じて夢を実現し続けてきた。風船が、また別の新たな夢を実現してくれると信じ切り、それに身を託して大空に飛び立ったのだろう。8年経っても、彼の夢はまだ実現していない。それでも彼は幸せだったのかもしれない。なにしろ地上に残された新妻の由紀子さん、三人娘の恵美子さん、優美子さん、富美子さんという愛する家族の一人ひとりの心に、いつまでも生きていられるよう、たくさんの思い出を置き土産として残して行ったのだから――。

毎日新聞編集委員　川鍋　亮

プロローグ

一九九二年十一月二十三日夕刻、風船ゴンドラのファンタジー号で、世界初の太平洋横断をめざした〝風船おじさん〟を、覚えていて下さる方も、まだ、おられると思いますが……。滋賀県の琵琶湖畔から、飛び立って、二日後の二十五日、宮城県金華山沖八百キロメートルで海上保安庁の捜索機が写した、あの衝撃的な一枚の写真を最後に、消息を絶ち、今に至ります。

幼なじみの彼とは、飛び立つ半年前に結婚致しました。

あれから八年、長くも短くもあった八年間でした。

明るく、信じて待ち続けることが自然にできたことを、心から感謝しています。

彼は、童心そのものの人でした。

今から三年前の一九九七年春、九十四歳で他界した私の母も彼の心が大好きでした。

彼のことを、必ず伝えるように、私に約束させて、桜の花の美しい時期に往きました。

でも、彼のことを、素直に伝えることが私にできるのか不安で、いつも心に大きな宿題をかかえて、時が流れました。

ある日の朝、目覚める直前の夢に、突然に、彼が現れたのです。

彼は、私に〝翼〟をつけてくれました。
私も、飛んでみようと決心しました。
――ファミローザ見えない世界見える世界　ひとつになるよう調律されて――

風船おじさんの調律

もくじ

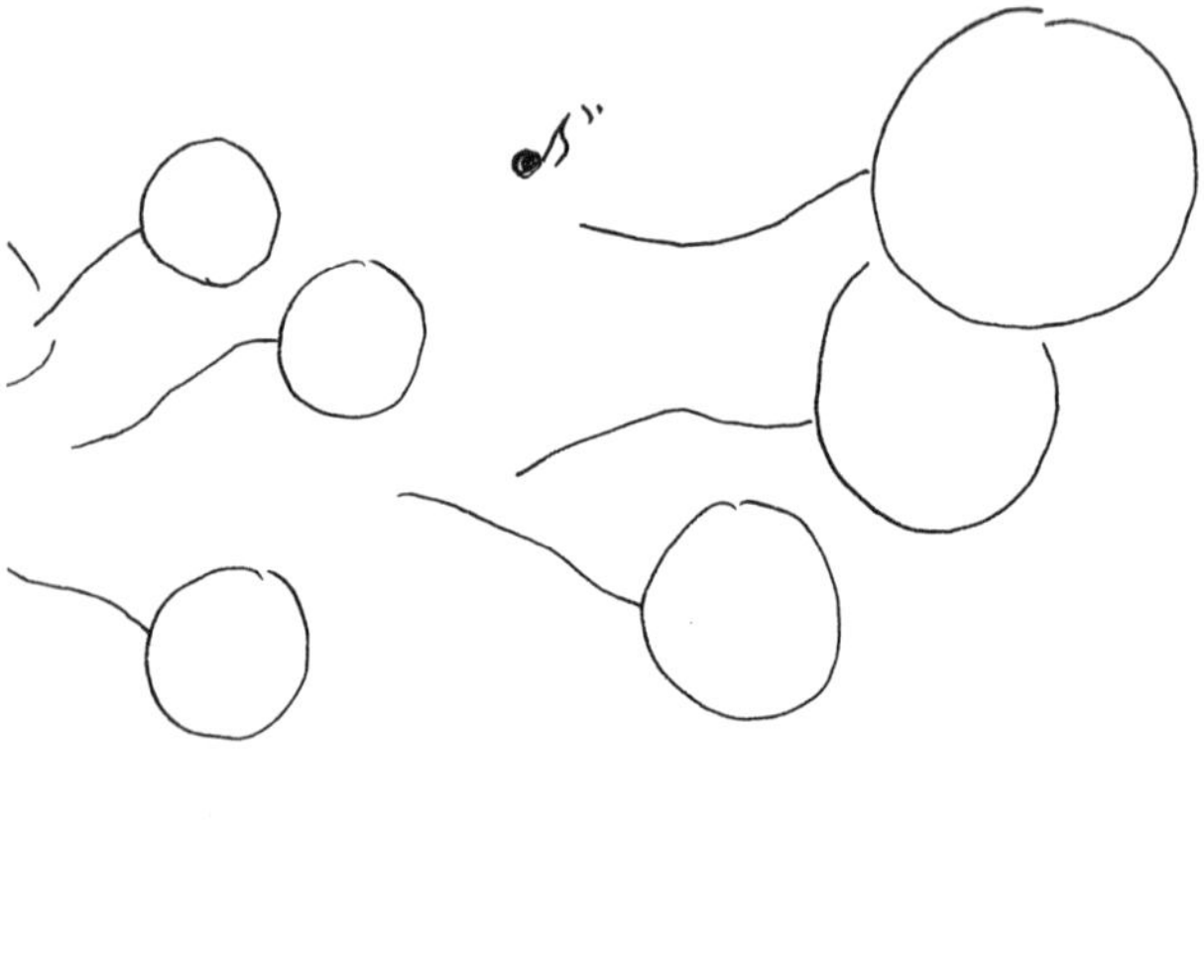

津幡文毅……カバー絵・イラスト
伊勢功治……ブック・デザイン

風船おじさんの調律

第一章 信頼

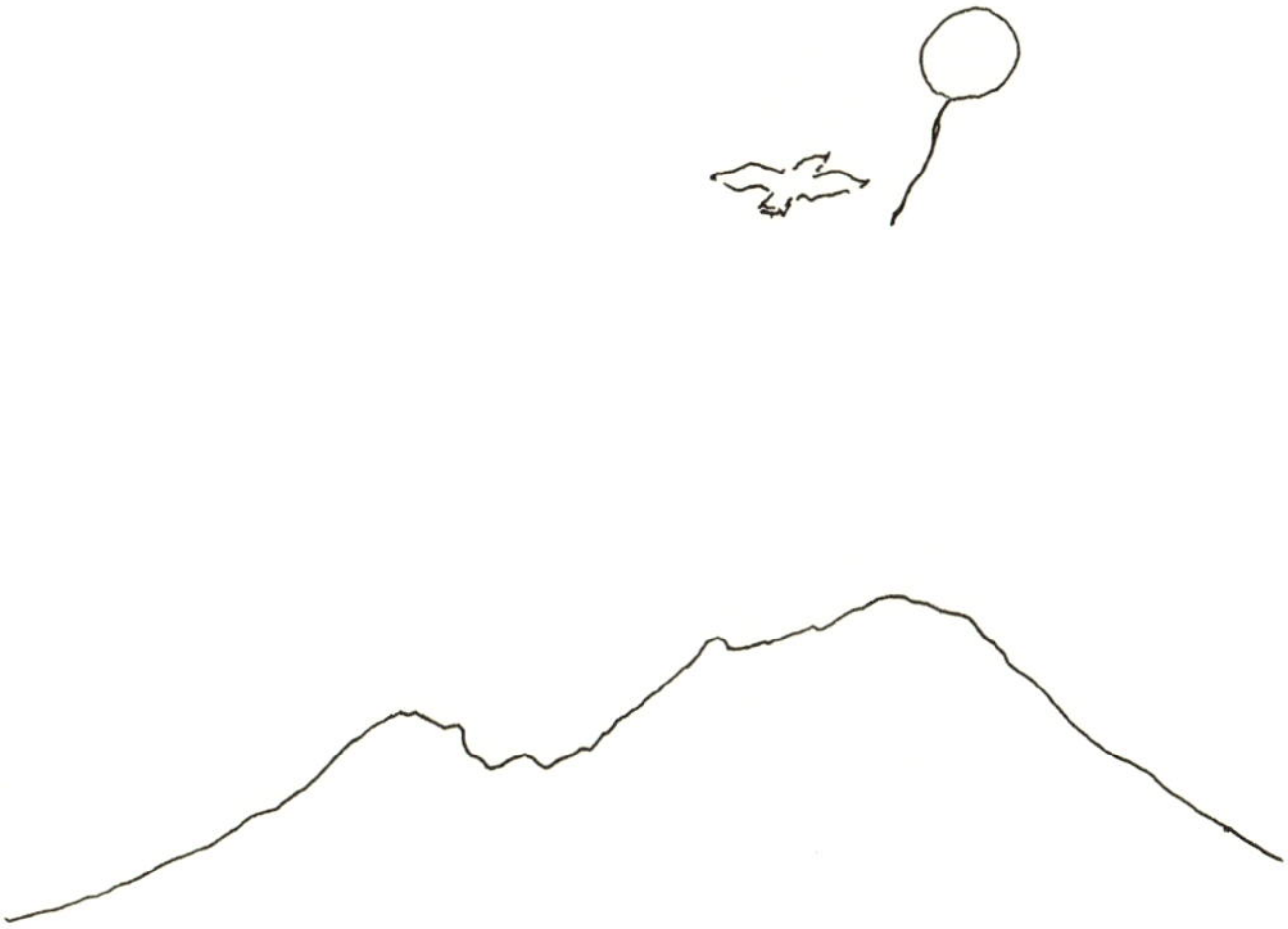

――人生は素晴しき哉夢のよう　いろいろあっても信じられるから――

暁の電話

リーン、リーン、リーン、リーン、電話のベルが鳴っている。

「今、何時？　今頃、誰？……」

ボーッとしながらも私はどこかでしっかり期待していた。彼からの電話に違いないと、とっさに思ったからだ。彼が、風船ゴンドラのファンタジー号で、世界初の太平洋横断に、琵琶湖畔から飛び立って、早くも一か月半が過ぎようとしていた。ねぼけながらも電話の前においてあるカレンダーと時計を見る。

一九九三年一月四日午前四時

急いで受話器をとると、

ツーツゥ、ツーツゥ、ツーツゥ、ツーツゥ、と四回音がして切れてしまった。それも、今までに聞いた事のないような信号音だった。

切れた後は、ツウーッと音が鳴りっぱなしであったか、無音になってしまったかは、気持が高ぶっていただけにさだかではないけれど、四回信号音を発したことだけは事実。

切れた音がしても、まだその後に音がするのでは、声が聞こえるのではと、受話器をずっと持っていてもそれっきり。あきらめて受話器をおくと、またベルが鳴る。グッとはやる気持を押え、一度鳴ってすぐに受話器をとったら、切れてしまうかもしれないから、落着いて落着いて、と自分に言い聞かせる。おもむろに、受話器をとってもまた、はじめと同じに四回信号音を発して切れてしまう。

「何で！　何で！」と思わず叫ぶ。

全く同じことが、四回くり返されて、再び鳴ることはなかった。電話の前で茫然と立ちすくむ。少し気持が落着いてきた途端、今度は、電話の前で跳び上って喜んでしまった。声はなくとも、こんな非常識な夜明けに電話してくるのは彼以外にいない。二年前にも、その時が初めてだったが、しばらく連絡が途絶えていて、いきなり夜明けの電話に、びっくりしたことがあった。それと、私の誕生日が、昭和十四年四月四日生れで、四が幸せの四だと言ってラッキーナンバーにしていたことを、彼はよく知っていたから、この四回の合図は彼以外の誰でもないと思った。

体中が薔薇《バラ》色になっていくのを実感できたほど嬉しくて、何度も跳び上がってしまった。思えば、彼が飛び立ってからの私は、電話の音に敏感になっていた。とくに、夜明けになると眠っていても、意識のどこかでベルの音を待ち望んでいる。何事もなく夜が明けてしまうとガクンときてしまい、とくに四のつく日とか、お互いの中で大切だった日は、ねぼけないように、夜明けを起きて待ち続けた。目の前に時計をおいて、午前四時前後はドキドキして、電話が鳴りますようにと電話を見つめて祈った。

電話のまわりには、引力になるようなものをゴチャゴチャおいたり、電話器の下に、下手な似顔絵を描いたり、待ち望んでいるメッセージを書いてパワーを送ったりしてみたが、なにも応えなく、その時刻が過ぎると、そこには夜が明けるのを悲しむ私がいた。

一月四日から約三か月後の三月三十日の暁の時刻、また電話は鳴ったが、この時も彼としか思えない理由があった。

私には、二回誕生日があり、本当は四月四日生まれなのに、父親が女の子は早くお嫁に行けた方が幸せと言って、その年の早生れになる三月三十日に、出生届けを出していた。でも、小学校に上るのと戦争が重って、結局、本当の誕生日の年で、ちゃんとおさまってずっときた。

そのことを知っていたのは、身内の人間と近しい人たちだけで、二回も誕生を祝ってもらえるから嬉しいと言っていた私を彼もよく知っていた。だから、この日は、彼だと確信を持って受話器をとった。でも、無言。

「あなたでしょ？　あなたでしょ？　返事して！　お願いだから返事して！　どこにいるの？　どこにいるの？　どこでも迎えにいくから教えて！　お願いだから教えて！」

電話が切れないうちに、何か言ってもらおうと必死で問いかけた。でも、切れてしまった。この時ほど、電話の切れる音が、冷たい音だと思ったことはない。

その後、五月四日の四時にも電話はあったが、前の二回とまったく同じ状態だった。

まだ飛んでない二年前に、一度だけあった夜明けの電話の時も、彼は私に迷惑をかけて申し訳ないと思う気持から、私が何を言っても無言で、間違いかしらと思った途端に声を出したことがあった。今度もいつか声を出してくれると、いまかいまかと受話器を痛いほど、耳にくっつけて聴いていても、切れてしまう。

今までの電話では、他に何か言おうと思っているのに、相手が無言のため、気がつくと、おうむのように同じ言葉をくり返している。

「私は、おうむになってしまった！」と電話が切れた後、自分のふがいなさにうなだれる。彼は、冒険が成功しなかったことを、自分自身で責めている。そこへ、

「どこにいるの？　迎えに行くから教えて！」と言っては違う！　その前に言うことがあったはず。

私が、一番心配しているのは、体のこと、なぜ、そのことを先に聞かなかったのだろう。もう、私って人は！　と反省し、今度こそ気をつけよう、と次の電話を待った。

その後の電話は七月と八月だった。

「もしもし、元気なの？　体は大丈夫？　けがはしていない？　大丈夫？」

そう言おうと思ったら、それだけしか言えなくなってしまう。切られる前になんとか彼の声を聞きたいと思っていると、また、おうむになってしまう。おうむだって、いろいろ言えるおうむもいるのに、テープのくり返しみたいに同じことしか言えないなんて……もう……電話の向こうは無言でまた、切れてしまう。

そうだわ。彼は、こちらがどうなっているのかわからなくて心配しているのだから、大変でも、安心させてあげなくては……

次の電話を待った。

飛んでからちょうど一年目になるその年の十一月は、三回、夜明けの電話があった。

「おかえりなさい！　皆、元気で待っているから、安心して早く帰ってきて！」

そういうことをまたまた、言い続けてしまった。

十一月の三回目の電話は、夜明けに起きていた長女が受話器をとった。長女も無言の電話に向か

って、彼だと思い、

「皆で、首を長くして待っているから、早く早く帰ってきて！　おばあちゃま（私の母、当時九十歳）も早く帰ってくるようにって、毎日、祈っているのよ」

話しているうちに、「切れちゃった」と悲しそうに私にいう。

何回かの電話の後、何とか逆探知ができないかと思い、ＮＴＴや、もしかして外国ということもあるので、彼が使うと思われるＫＤＤにも行って聞いてみた。

事情を話すと、どちらも親切だったが、ＫＤＤは、ある短期間なら、大体どこの国からくらいは分るようにできるというので、喜び勇んでお願いしたが、お願いしていた期間内では、ＫＤＤは通していないことがわかった。

ＮＴＴは警察の許可がないと駄目というので、警察に行った。すぐその場で、ＮＴＴへ電話をして下さったが、悪いことをしているわけではないので無理という。そうでなくても、通話時間が短いと逆探知は難しいと言われた。

普段、敬遠していた警察にも勇気を出して行った。応対して下さった上の方が、とても親切で、管轄の地域内でいながら、大変なことであったにもかかわらず、激励にも伺わないでと、深々と頭を下げられ、どんなに暖かい励ましとなったことか。ほかにも感激してしまう言葉をいただいた。

飛び立って二年目に入ってからの電話は、私には、心なしか信号音が前年と違って聞こえ、国外が国内になったような気がした。

この頃からは、夜明けの電話が絶対に彼であるように、どうか声を出してくれるようにと祈る気持で、受話器をとる前にいつも手を合わせていた。

すると願いが通じたのか、今度は無言でなく、本当に声が聞こえた。でも、小さなすすり泣きの声だった。今度こそ、何か言ってくれるかと、こちらの方が、その声に泣きそうになりながら黙ってきいていると、すすり泣きのまま切れてしまった。

言葉なくとも、声だけでも出すようになったのは、大きな進展だと思った。といっても、泣き声だから悲しい。悲しいはずなのに、声になっただけ嬉しい。

妙な気持のまま、次の電話を待った。電話がかかったが、また始めからすすり泣いている。ついに、こちらが悲しさを押えきれず大声で泣き出してしまった。私が泣き続けている間、電話は切れなかった。私が、大声を出して泣いているので、その間、電話の向こうは黙っていたのか、すすり泣いていたのかわからなかったのだが、後で思うと沈黙状態だったような気がする。

次の電話も、すすり泣きで始まった。今度も何も言ってくれないので、思わず泣いて怒ってしまった。でも、電話が切れた後にまた反省し、次の機会には、彼が生み出した音楽教材のピアノカラオケテープの中で、彼が最も好きな曲のうちのひとつ、「アヴェ・マリア」を、祈りの気持をこめて、聴いてもらおうと思った。

「アヴェ・マリア」は、ピアノ曲「ブルグミュラー」の中から八曲選んで、オーケストラをつけたうちの一曲で、彼は録音が終わった後、この曲を寝てもさめても聞いていたという。そのテープ曲の中では、本当に好きだったのと、その時のテープに託す心境が、まさに祈りそのものだったからと話していたことを想い出したからだ。

私が〝祈り〟以外になすすべもなく、必死な想いをこの曲に託そうと、電話の側に、カセットデッキを置き、すぐに始動できるようにして電話を待った。かかってきた。

「あなたの好きな曲、聴えますか？」

はじめ、すすり泣いていたのが無言になり、聴いてくれていたように、私には思えたのだが、少し経って、また、何も言わずに切れてしまった。切れた後、どうしたら話してもらえるだろうか、と思い悩む。でも、いざかかると、瞬間、舞い上がってしまうので、ちゃんと話せない。

今度は、しっかり書いてその紙を電話の側に貼りつけるなり、電話器の下においておこうと実行し、次にはオウムにならないようにだけはできたつもりだが、言葉はなかった。

それからは、安心してもらえるように一生懸命、落着いて言うように気をつけたら、あちらが安心したのか、かかってくる回数が減ってきた。

とくに、彼が戻ってきて一番はじめにやりたかったのは「夢のコンチェルト」。幼児からお年寄りまで、身体障害の方にも参加してもらって、オーケストラとともに演奏するコンサート。その彼が名づけた文字どおり「夢のコンチェルト」は、彼が多くの人とともに夢を見られるように企画し、何回も開催して大成功だった。望んでいたその夢を、実現できるようにこちらで努力して、電話がかかってきたら伝えられれば、「きっと！」と思った。はじめの開催時から、十二年目に当る一九九五年に実行に移しはじめ、実現できそうな感じが見えはじめたところに、ちょうど、夜明けの電話があった。

私も、そして、その時起きていた三女もでて、そのことを告げた。

「だから、だから、早く帰ってきて！」二人とも必死に叫んだ。

でも、彼は帰ってこないし、このイベントは大がかりなので、結局、実行に及ばなかった。今度かかってきたら、

「あなたがいないとやっぱりできない！　本当にできない！　だから、早く帰ってきて！」

と言おうと待ちあぐねているのに、かかってこない。

彼が帰ろうと思った時に、帰ってくればいい、無理しないようにと思いながらも電話がかかると、私はついわけのわからないことを言ってしまう。今となっては、もっとわけのわからないことを言って、心配させた方がよかった、と思ったりする。だって、それが本当のことなのだから。

夜明けの電話は、飛び立ってから三年間はよくかかった。時刻はほとんどの場合、四時か、四時四分前後を時計の針が差していることが多く、日にちは、そのうちの四分の一くらいが、二人にとって意味のある日だった。

受話器をとっても、無言か小さい声ですすり泣いているかどちらかで、今だに彼だという確証は何もない。回数は少ないが、三人の娘たちもそれぞれに受話器をとり、彼だと思って話している。私も時には、もし違っていたらと、黙ることもあったけれど、黙っていると、彼だったら、この家の住人が変わってしまったと思ってもいけないと思い、またすぐ声を出してしまう。

彼からかどうかまったくわからない電話！　でも、彼でないとしたら誰！

親しい人にこの話をすると、こちらは心配して待っているのだから、彼なら声を出すはずと言う。私には、なぜかわからないけれど、彼だからこそ、その気になった時でないと、声は出さないと思えてしまう。そう思いながらも、わかったり、わからなくなったりする。

でもはっきり言えるのは、彼からだと思ってきたこの電話が、三年間、いえその後も私の心をしっかりと支えてくれたのは、紛れもない事実で確かなこと。ドキドキして電話を待った日々。かかってくれれば、私の受け方に反省した後ワクワクし、見えている色が皆、薔薇色になった日々。

前向きの姿勢に、シャンとさせてくれた電話は、ナナシのゴンベーさんからだったが、私にパワーを送り続けてくれた暁の電話だった。

――待つ夢を与え続けてくれた日々　だから頑張れた暁の電話――

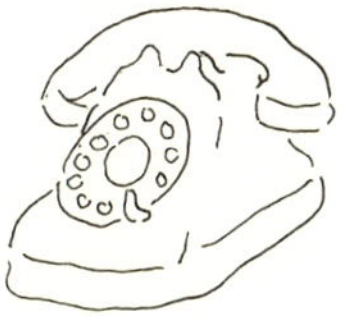

おみやげ

一九九二年十一月二十三日には、当初、予定していた島根県仁摩町仁摩サンドミュージアムの広場から、変更して、滋賀県の琵琶湖畔から旅立つと彼は言う。もちろん、まだはっきり決まったわけではない。

二日前の二十一日には、目的地に行きたいので、二十日夜は、パーティーをしようと、彼が、一番はしゃいでいた。私たち家族五人は、自宅でスキヤキパーティーをした。なぜ、スキヤキかというと、彼の大好物だから。彼にとって嬉しい時はスキヤキなのだ。料理も得意だった彼は、盛りつけ、テーブルセッティングと、それは見事なもの。億劫がらずに、夢のある雰囲気作りができる人。私はわからないながらも成功を祈って乾杯し、なんだか普段と同じようにしていたつもりだったが、彼はいつにも増して子どものようにはしゃぎ、本当に嬉しそうにご機嫌だった。

ピエロがもともと大好きな彼は、ピエロの形をしたものを、普段、集めたりしていた。

その時も上機嫌で、

「僕は、皆のピエロになれたらいいな。風船で出発する時は、ピエロのぬいぐるみを着て、上空で、防寒具に着替えようかな」

と、ピエロになり切ったような身ぶりをしながら、子どものそのものになっていた。そして、娘たちにテスト飛行だよといいながら、もしアメリカに行ったら、おみやげは何がいいかと聞いていた。娘たちが、笑いながら「ありきたりのアロエリップはいやよ!」というと、「それなら、欲しいものをメモしてくれ」と言っている。

そこで、娘たちが、おのおの外国製の口紅やマニキュアを、本を見て名前と番号を調べ、三人で紙を仕切って細かくびっしりと書き、彼に渡していた。

彼は、それを大切に折りたたみ、「わかった!」と嬉しそうに大きくうなずいて、防寒具の内側のポケットに入れた。

私は、涙をこらえるのに精一杯だった。

彼は娘たちの信頼を受けて、喜んでいる。私はその姿に、気持に、感動していた。ちょっと旅行に行く人に頼み頼まれしているみたいな、さり気ないお互いの行為がまぶしかった。

すきやきの後のデザートは、これもまた彼の大好物の苺。時計を止めたいひとときだった。

その後で、彼は娘たちに「赤い風船」と、「気球に乗ってどこまでも」の歌を、娘たちの演奏でテープに録音して欲しいと頼んでいた。

行く前になって、急に彼は思い出したのだ。風船での大冒険のニュースが、報道された途端に、いたるところから、激励の手紙をいただいた。そのなかの一つに、栃木県の小学校の先生から「冒険の前に、子どもたちに夢を与えにぜひ来て下さい。子どもたちが楽しみに待っています」という手紙があり、そういうときは、彼はどんなに忙しくても実行した。そこで子どもたちが歌ってくれた歌を娘たちに頼んだのだと思う。彼は大感激して、その時、皆が書いてくれた手紙も大切に持っていくと、目を輝かせて話していた。

「子どもたちの夢を決してこわさない！」と。

パーティーも楽しく終わった後、私は、そっと彼の側を離れた。

ここまで、彼の夢に勢いがついて進んでしまったことを、私も、娘たちも止められない。テスト飛行になるか、本当に飛ぶか、私や、娘たちの信じた彼が最後は決める。その判断が悔いのないものであって欲しいと心から願う。当日までは目的地であと二晩過ごすことになるが、家で休むのと違うだけに、英気を養うための充分な休養をとれるかとれないかで、今晩が決め手になる大事な夜だと思った。「ゆっくり休んでもらおう」その時の彼に対する私の唯一の想いであった。

旅立ちの間際になって、話がどんどん変わる。彼は、決して人を責めない。ぎりぎりまで待つ。最後は、自分自身の覚悟だけ。はじめの頃、彼は私を安心させようと細く話してくれた。私は、何とか止めようと強く反対し続けた。これで信じているなんて言えるのと、自分で自分を責めるくらいだった。

「だって、こうなったらどうするの？」とか、同じことを何度も言って止めにかかった。

私を淋しがらせないために、自分は私より先に死なない。この後は、ずっと側にいるから大丈夫！離れることが少しの間あっても、すぐ戻ってくるから。戻ってきたら、もう遠くに行くようなことは決してしないから。私を幸せにできるのは自分しかいない。等々と言っていた彼に、「大自然の力が、いつも自分に味方をしてくれると思ったら、大変なことになるわよ」と、私は普段人間を超越する偉大な力を信じているのに、まったくわけのわからないことを次々と言ったり、行動にも出て、理解しようとしながらも反対し続けた。

ところが、間際になってきて、いろいろ変わる。話が変わる。事態が変わる。

彼は無口になり、私に心配かけまいと、何を聞いてもダンマリ。彼は話が変わったことでも、決して人を悪く言わない。さらに何か言うと、たった一言「僕を信じてよ」とだけ言う。私の良いところと言ったら、「信じる」ことだけなのだから……そこからは、もう涙が出そうになって、彼の側から離れることのくり返し。そんなことをしても敏感な人だから、わかっていたのだと思う。

家を出る前夜のホームパーティーの後も、明朝までの時間に、彼が自分自身をみつめてくればいい、実行するにしても、しっかり睡眠をとって、冷静な判断ができる状態にしてもらいたいとひたすら願った。

私は、直接的な手伝いは何もしなかった。できなかった。

ここまできたら、夢に挑む彼に、私ができることだけをしようと思った。

あの、パニック状態の私にできたことは、情けないかな、彼にゆっくり休んでもらって悔いのない判断をしてもらうことしか考えられなかった。そして、もう一つ。私は、ピアノの部屋で一晩中、祈りと愛を音楽に託して、その想いにちなんだ曲を演奏し、テープに録音した。泣きながら弾いたのもあるので、もしかしたら、こらえたけど、わかってしまうかもしれないと思いながら……夜がしらじらと明け始めた。

彼、イコール音楽のような人に、音楽でお守りにできたらと、彼が早朝発つという時に、もうひとつだけ、私にできたことだった。録音し終った後、二人の好きな映画「ラブ・ストーリー」の言葉、〝愛とは後悔しないこと〟とテープの表に書いた。

早朝、彼は新幹線で、テレビ局の人と待合わせて行くと言っていた。十一月二十一日の朝は、小雨が降っていた。どうしても、彼の側には行けなくて、彼の視界にも入れなかった。

彼が朝食をとっている間も、離れた所にいて、しゃくりあげそうになる声を、できるだけがまんしたが、聞こえてしまったと思う。出かける時刻が刻々と近づいてくる。こういう時には、時の音が大きな音をたてて、心臓を破るのではないかと思ってしまうほど。その音に追い立てられるように、私は、彼の前に二つのテープをおいた。彼からの希望でもあったこの二つのテープ。

「空の上で音楽を聞きたいから、ファミリーの演奏を、テープに録音して欲しい」

一つは、娘たち三人が心を込めて録音し、もう一つは、昨夜、それこそお守りになるよう祈りを込めて録音したテープ。その二つのテープに込めた祈りが、彼を守ってくれると心から願って……。目の前におかれたテープに、彼は大きくうなずいた。顔を見ても、口を開いても、涙か、嗚咽するような声しか出なくて、この時くらい、涙がこぼれないように上を向くしかないと〝上を向いて歩こう〟の歌の意を痛感したことはなかった。

いよいよ出かける時間がきたが、力をこめて握手しても、涙で彼の顔がよく見えなかったし、車で行く彼を見送っても、もっと涙の海で見えなかった。それでも精一杯、上を向いて、半泣き笑顔で見送ったつもりだった。

この時のことを、娘が書いてくれた。

《母はぎりぎりまで、一緒に行って、空への出発を見届けようかと迷っていました。

見送りたいけれど、見送りたくない。

その場に、自分がいたら、自分がどういう風になってしまうか、何を言ってしまうかわからない。

でも、彼の夢にふさわしく、笑顔で見送ってあげたい……

そんな相反する感情のはざまの中で、ここで、この家の玄関で、見送ろうと決心したことは、母にとって、断腸の思いだったと思います。その時の私たちは、父の夢を信じていたので、旅行に行く人を見送るみたいに、本当に、自然な気持でした。

そんな中を、父は琵琶湖へと向かいました。》

彼に止められていたわけでも、行けなかったわけでもないのに。でも私は、自分でわかる。普段、人一倍えらそうなことを思っていても、いざとなったら、とんでもない行動をとることを。そんな私のすべてを一番よくわかっている彼は、事前に何も言わずさっさと私たちの行き先であるホテルを決め、ホテル側にも頼み、ホテルに行く車まで用意していた。

私は思う。実行すると決まったとたん、狂乱状態になるか、それでもゴンドラから下りなかったら、きっと一緒に乗ってしまっただろう。

彼を乗せた車が雨の中を走り去るのを、見えなくなるまで茫然と見ていた。これでよかったのか、よくなかったのか、考えられないままに。

彼が出かけてすぐに、応援してくれている方から電話がかかる。彼のためにした写経を防寒具に縫いつけて欲しいと、前日に送って下さったので、それをつけて出かけたか心配してのこと。

「しっかりつけました。とても喜んでいました。ありがとうございました」

電話を切った途端、せきを切るように、大声出して泣いてしまった。やがて東京駅に着いた彼は、すぐに電話してきた。離れて初めて、普通に口がきけた。

その後かかる電話は、待ち合わせたテレビ局の人が新幹線に乗っていないので、どうしたのだろうと案じる電話で、テレビ局の人を信頼している様子が、こちらにひしひしと伝わってくる。こないはずがないという気持だっただけに、会えたら、また、「会えた！　会えた！」と嬉しそうにかけてきた。

その日の夜は、テレビ局の人とパーティーをしたようで、アルコールの勢いも手伝ってか超ご機嫌で何度も電話してきた。こちらは、「もう、人が心配しているのに！」と半ば怒りたくなりそうなくらいすごく陽気。逆に「何も心配することないから、大丈夫大丈夫！」私の方は、「？　？　？」

翌日二十二日は、準備で何かと大変だったようだが、私には、心配させるようなことは一切言わない。この日は一日中、彼の親友と言っていいほど気心の知れた大阪の楽器会社の社長が一緒にいてくれたことで、彼は嬉しくて、何度も電話をかけてきた。

彼が、東京の日比谷公会堂で〝夢のコンチェルト〟を開催した時、大阪から来て下さり、「これだ！」とすぐ次の年、大阪で実行し、その後、何年も続けた方。その方曰く、

「鈴木さんは、人をやる氣にさせる力を持っている！」

そして、大阪で、〝夢のコンチェルト〟を何年も続けた後に、自分がやった仕事の中で、最も良い仕事だったとおっしゃっていた。

夜になって、風船を守るため、琵琶湖畔で野宿をすると電話してきた。この大冒険がスタートする場所は変わったが、〝鳴き砂〟保護を訴えるということに変わりはないので、〝鳴き砂〟研究の第一人者でおられる教授の生徒さんたちも、一緒に手伝ってくれると聞いていた。

その中の方が、一夜をともにして下さったそうで、その喜びと夜空の星の美しさを、感激して、幾度も伝えてきた。

彼が飛び立った後、いただいた教授からのお手紙の中に、
《手伝った学生たちも、「鈴木さんはすばらしい人だった。なによりも勇気に感銘した」と申しております。
ことに、二十二日夜、一緒に夜を明かした学生は、星座の話をしていたと感慨深い思いをもって、人に話しています。
また、アメリカに連絡してあったので、現地の方や、管理局では、いつまでも待っていたのだそうです》
とあった。

——おみやげをといわれて書く娘たち　強い信頼がポケット一杯——

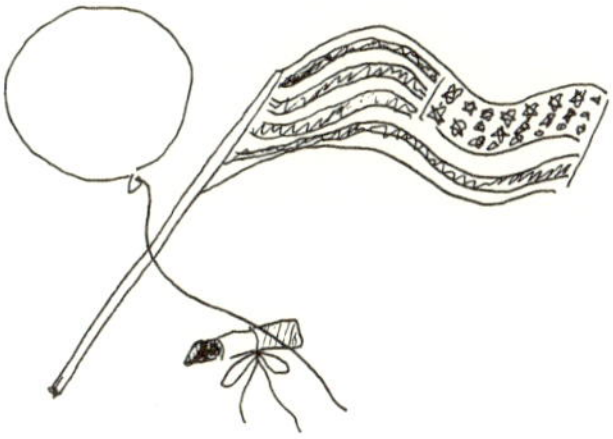

大歓声

「僕がもし、太平洋横断を決行したら、マスコミが大騒ぎして家にも押しかけてくると思う。だから僕が戻ってくる日まで、都内にホテルをとったので、そこに泊まっていて欲しい。ホテル側にはその旨伝えてある。僕が戻るまで必ずそこにいるように」

と、出発前に彼は私たちに言う。

娘たちが聞いた。

「いつまで、ホテルで待っているの？」

「まあ、どんなに遅くても、十二月三日頃まで」

その言葉を素直に信じ、二十三日朝、彼がすでに手配していた迎えの車で、私と娘たちはホテルへ移動した。気持が圧迫されないようにと、広めの部屋を二人ずつ二部屋にして用意してくれていた。その二部屋を行ったり来たり、そこから、それぞれ外出するという生活が始まった。

彼がこの日、決行しようとしている太平洋横断の飛行許可の申請は、四か月半前の七月六日に運輸省で行った。その内容から、用意するもの、準備すべきこと、そのために行くべき所、アメリカに行っての許可願いもそうであったが、彼は言われた通りに誠実にやっていた。でも間際になって、運輸省は安全性に問題があるとしてきたことに、再度、アメリカに確認をとる努力をした。

アメリカと日本での冒険に対する寛容さの違いもあって、そのあたりから、出発場所の変更等、流れが変わって行ったように思う。出発日が変わったり、出発場所が変わる度に、信じているつもりが、「一生のお願いだから、黙ってさせて欲しい」と言っていた彼との約束を破って、不安を語り、それでも同じ答しか返ってこないことに、信じる難しさ弱さを感じて反省し、をくり返して、今日を迎えた。

とうとうその日になってしまった。試験飛行の名目で、(「地上に保留したまま」という条件で受理されていた)、当日午後から、ロープで固定された地上に浮いているゴンドラの中にいたという。

「ファンタジー号」と大きく書かれた檜(檜なら海に浮かぶから大丈夫と言っていた)のゴンドラ(約二メートル四方、深さ約一メートル)の中は、四十八時間分の酸素ボンベ、カロリーメイトを中心とした一週間分の食料、緯度経度測定器、高度計、海難救助信号機、速度計、レーダー反射板、おもり用の沖縄焼酎『どなん』二百本分(寒くても凍結しないから)、毛布五枚、携帯電話、ハーネス、パラシュート、酸素マスク、地図、パスポート、国旗(日本、アメリカ)、カメラ、ビデオ機器、その他。見送って下さったことを彼が最も喜んでいた古くからの親しい友人から、米ドルと、その友人のアメリカの知人たちの連絡先を書いたメモも渡されていた。そして、ヘルメットをかぶり、成層圏の気温は、零下六十度以下のため、出発前に魚の冷凍庫内で試した防寒服に身を包む。そして、紫外線から目を守るサングラス。舵をとるのは、ビニール製でヘリウムが詰まっている風船二十六個。

直径六メートルの風船が六個、直径三メートルの風船が二十個、予備四〜六個。

支援者の方からは、必要なものは無線以外はすべて完璧に用意されたと、後で聞いている。

　私がホテルについて落着いたら必ず携帯電話に連絡を入れるようにいわれていたので、相手の状態を心配しながらかけた。ことのほか明るい声で、古くからの親しい友人ご夫妻がいらして下さっていると、嬉しそうに語り、さらに支援者の方たちや、教授や、学生さんたちの応援に感謝して、喜びの声をあげていた。

「本当に大丈夫？」

「大丈夫。大丈夫。余計な心配するな！」明るい声にほっとしながらも全然落ち着かない。

　ホテルに来るまでは、言われた通りに仕度した。手配の車にしても、彼の配慮から、以前、荷物の異常に多い時に利用して、とても感じの良かった人が定時刻に迎えにきた。何しろ用意してくれた所にいかなくてはと、ベルトコンベアーに乗ったようだった。

　ホテルに着いたら、ここでこんなことしていられない、やっぱり現地に行くべきだったと、往生際の悪さを自分で露呈し、自分を失くしていく始末。

　このときのことを、娘が記している。

《現地では、二度目の飛行実験をしようとした午後四時過ぎに、

「アメリカに、行ってきます」

と言って、ゴンドラと地上を繋いでいたロープをほどいたそうです。

あっという間に上空へ。

最後に握手した方が、話して下さったのですが、上っていく時、本当に嬉しそうで、

「最高！　最高！」と、言っていたそうです。

そのことを後で母が聞いて、「救われるわ！」と、ポツッと言っていました。その日からの母には、不安、心配、祈り……から生まれる緊迫感が、強く感じられました。その日の夜十時近くになって、やっと空の上にいる父から携帯電話で、ホテルの部屋に電話がありました。

母は、電話に飛びつくように出ました。母が出ると、

「ちょっと、風船の様子がおかしい。思ったより高度が上らない。もう海に出てる」と言い、

「大丈夫なの？」と聞くと、

「うん、大丈夫だ」と言って、切ったそうです。

その後、約一時間毎に電話がありました。

次の電話の時には、私たちもかわるがわる出て、

「大丈夫？　おみやげ待ってるから。気をつけて頑張ってね！」と、明るい声援を送り、

「わかった！」と、元気に答えてくれました。

空からの電話は、すぐ近くにいるようによく聞こえました。》

やっと、連絡がとれたせいか、生きた心地がしてきた。でも、一回一回の電話が、よく聞こえる時と、ザーッと鳴って、よく聞こえない時があった。私は、何しろ気持が先になってしまうので、電話のバッテリーがなくならないようにと、早く切ることを心がけた。

彼が話している時はいいが、私が話している時に、空を飛んでいるのだから、もし、危険なことが少しでもあって、集中力が散漫になってしまってはとか。空を飛んでいる人に、こちらの言うこ

とで、余計な気を起こさせてはとか。いろいろ思ってしまう。……

三回目の電話で
「テレビ局の人に連絡をとっているのだけど、とれないので、ホテルにいると思うからとって欲しい」

と言われ、琵琶湖畔のホテルに連絡をとったが、「もう、帰られました」という返事。私なりに、何とか連絡をとりたいと精一杯努力したが、結局、連絡はとれず。

先ほどの電話で、

「ホテルにいるはずだけど、いなかったら、それまでにして！」

と、きっぱり言った彼の言葉を聞いていたので、こちらからもつらい思いを抱きながら、空を飛んでいる彼に電話をした。いないことを伝えると、

「わかっていなかったんだね」と、淋しそう。でも、すぐ、気をとり直して、

「心配するな！　大丈夫だから！」と、逆にこちらを元気づけているようで、気持がわかるだけに、どうするのがよいかと動転してしまう。この時ばかりは、どうしようもなくつらかった。少し経つと、またかかってきた。元気な声で、

「風船も、少し落着いてきた。タバコ吸ったよ。吸ってみたかったんだ！　高度は二千五百～三千メートルを、今のところ飛んでいる」

タバコを吸っている姿を想い、ホッとした。本当は、もっと高く上がるはずだったから、今の高さでは、当初の予定よりかなり低いことになる。私は、親がふるさとのようにしてくれた軽井沢の浅間山によく登ったが、あの山の高さより少し高いところを飛んでいるのだと思ったら、気持の上

で少しホッとする。あの高さなら、もしもの時は、なぜか彼なら確実に対処できるはずと思えたから。

次の夜中の二時の電話は、

「まっ暗だよ。夜が明けて、もしも下りた方がいいと思う時には、島を見つけて下りるから、心配しないように！」

まだ、これを実行するとかしないとか、夢のように話していた時に、彼は私に話していた。

「多分、旅客機の空路のことなど考えて、夜に出発するということになるだろうから、その一晩目のまっ暗な空に早く慣れることだよね」

と、言っていたのを思い出し、明るくなるのが待遠しいのだと心から思った。こちらから冗談のひとつも言えない不器用さに、自分でふがいなさを感じつつ、それ以上に私の心が、緊張で全然余裕のないのを感じた。その後の電話では、

「まだ暗い！　もう少しで明るくなるね。待ち遠しい！」

暗い間、何度もかかっていた電話。お互いに不安ながらも励ましのパワーを送り送られて、夜明けに近づいていった。

「ほんの少し明るくなってきた。静かだよ！」

広大な無限の静けさが伝わってきた。

宇宙の心音を、ともに聴いているような深い静観を味わった。

次にかかった電話は、六時を少し過ぎていたと思う。

「明るくなってきた！　スバラシイ朝焼けだ！　きれいだよー、きれいだよー、みせたいよー、み

せたいよー」と叫び続けていた。

大歓声！　これ以上はないと思える大歓声。まさに、私の中で彼の夢を見る！

その瞬間、不安も何もまったく消えて、最高の至福の時を感じていた。

次の電話は、

「行けるところまで、行くから心配しないでネ！」

この言葉は彼の口ぐせだから、心配しないで聞けた。

「決して無理をしないでネ！」

「うん！」

まだまだ続くと思っていた電話は、これっ切りだった。

携帯電話のバッテリーが切れてしまうことを心配しながらだったのに……なんで……バッタリ途絶えた電話に、今度は、こちらから再三、再四かけた。

『電波の届かない所か、電源が切られています』という空しいアナウンスがくり返されるばかり。

それでも、もしやと思い、ずっとずっとかけ続けた。緊迫感が時とともに強くなり、心臓の鼓動が音をたてていくように思えた。

夜になって、この日だけは情報が欲しく、テレビをつけると、〝風船男、行方不明〟というニュースが速報された。テレビに釘付けになっていたが、電話の側に静かにいて、電話が鳴るのを待つ方がかかってくる気がした。「お願いします！」という念力で電話を見つめていたが、かかってくることはなかった。またまた自分を失っていく。

娘が記している。

《十一月二十五日、午前八時三十五分、SOSの信号を受けて、発進した第三管区海上保安部の捜索機（ファルコン九〇〇）が、宮城県金華山沖の東約八百キロの海上、高度二千五百メートルの上空で、時速約七十キロで進んでいる『ファンタジー号』を発見というニュースが流れました。父は、捜索機に向かって、手を振り、SOS信号をとめたので、捜索機は約三時間監視した後、追跡を打ち切ったとのことで、この間に、『ファンタジー号』が、高度を二千五百メートルから三千二百メートルにまで上昇したのを確認したそうです。

父が発信したSOSの信号の、本当の意味は何だったのか、元気だよという合図だったのか……

そのニュースを聞いた時、母は、

「ああ、よかった」と繰り返し、私たちは、

「もう、とっくにアメリカまで行っていると思ったのに、まだ宮城沖なの⁉」と言って、皆で笑い合ったのが、久し振りのような気がしました。

この日から、テレビのワイドショーでは、〝風船おじさん〟の話題でもちきり。

私たちはその時初めて「これは、大変なことなんだ」と実感し、今まで他人事で見ていたワイドショーなのに、「これは、自分たちのことなんだ」と思い知らされ、ニュースの渦中にいることを、いやが応でも自覚させられたのでした。

それまではズーの「絶対に大丈夫！」という言葉が、家族の支えになりきっていたからなのです。

（私たち家族は父をズーと呼んでいました。名前のヨシカズの〝ズ〟と姓のイシヅカの〝ヅ〟からとって〝ズー〟。父は最初は〝カズ君〟と呼んで欲しかったのですが、私たち姉妹が、それは恥ずかしいので、父も〝ズー〟という呼び名で了解しました。）

ブラウン管の向こう側では、アナウンサーやコメンテーターの方たちが議論し、意見を交わし合っていて、それに対して、私たちはテレビに向かって反論し、父の超人的な精神力や、生命力だけを信じていました。

母も同じでしたが、テレビから流れてくるさまざまな意見に惑わされるのが嫌で、次第に見なくなりました。

その後、消息はまったく途絶え、母は世界時計を見つめながら、

「向こうの夜が明ければ、捜索も楽になるのに」と。

夕暮れ近くになると、向こうから連絡が入るのではないかという期待の中で、少しの仮眠と、失われていく食欲で憔悴していく姿を見ることは、側にいる私たちにとって、本当につらいことでした。

そんな私たちをよそに、テレビ、新聞、雑誌といったマスコミでは、ますます大きな話題となっていました。

某新聞では、「現在（二十八日午後）太平洋上は、ベーリング海から発達した九四八ミリバールの低気圧で覆われている。しかも、低気圧は上空まで渦を巻いており、最悪の場合、ベーリング海の方へ流されてしまうかもしれない」という安否を気遣う声。

「無茶な！　という一方でなぜかホッとした思いもある。男たちの多くが見果てぬ、『囲いの中』を出た気分を、風船男は今、どの辺りで味わっているのだろう。ただ、無事を祈る」という声。

「これは、冒険でなく、無謀だ」という非難の声など。

この間に、音楽大学で、ピアノの指導に当っている母の卒業生からの声で、第一回目の「ロー

ザの会」ピアノコンサートが開かれる日がありました。卒業生有志が、ずい分前から準備してこの日を迎えたので、動かすわけにはいかず、母にしてみれば、第一回目の会に行かないような無責任なことはできず、私たちも一緒にホテルから、コンサート会場に向かいました。母からは何も話していなかったので、皆さんの中には、今、起きていることを、知っている方も、知らない方もいました。知っている方にとってみれば、母が来たことにびっくりし、気遣っておられましたが、母は気丈にも、

「今、飛んでいるから大丈夫!」と言い、卒業生の発表の場の開始を喜ぶ挨拶を、心痛を胸におさめて、コンサートの終わりにしていました。

母の好きな薔薇から「ローザの会」と名付けた会の始まりが、父が、飛んでいる最中であることも、奇遇でした。

きっと、絆の強い会として成長するのだろうと思いました。

ホテルから二回目の母の外出は、支援者の方と海上保安庁に捜索願いを出しに行った時です。アメリカ、ロシア、カナダなどの関係各国に連絡をとって、情報収集に努めてくれるということで、ほんの少しだけ安心しました。

某新聞では、早ければカナダ、アラスカあたりに到着する確率が高く、予定より北へ直行。心配されていた気温も、高度三千メートルで、零下二十度程度と、当初、見込まれていた零下五十度に比べて、比較的高く、酸素の濃度も濃いという。もっとも、気象庁によると、進路先のベーリング海には低気圧が発生しており、巻きこまれれば危険、と書いてありました。

それから、何の情報もないまま、日が経ちました。世間では、相変らず事件として、新聞、雑

誌に取りざたされていました。

母にも、取材に応じてほしいという声がいくつもありましたが、そんな気力はありませんでした。ただ、世間が何と言おうと、必ずどこかで生きているはずだと、私たちは信じていました。その証に、たとえマスコミが押しかけてこようと、住みなれた家で元の生活に戻ろう、そして、父の帰りを待とうと皆が同時に思い、約二週間後にはホテルを出たのでした。

ホテルにいる間、支援者の一人であられた故総支配人の暖かいご配慮のお陰で、勇気づけられ、また、マスコミの渦中に入らないですんだことは、本当に本当にありがたいことでした。

それから間もなく、私たち三姉妹は、某週刊誌のインタビューに答えることにしました。それは、無謀、軽薄……あることないことの報道に対して。

少しでも本当のことを、傷心している母の代わりにという思いからでした。

母と父のなりそめから、父は子どもの頃から風船が大好きで、風船をたくさん持てば、どこかに飛んでいけるのだろうという夢を、大人になってもずっと追い続けていたことや、出発前夜からのことを話しました。

そして、最後に、

「母は、父を心から愛していました。父もそうでした。

ですから母は、父が死んだらきっと夢枕に立つはずだというのです。

夢枕に立たないのだから、きっと生きていると信じ続けているのです。

無人島に漂着しているのではないか、母と私たちは、今でもそう思っています」と……

翌年、一九九三年、父から何の連絡もないまま、新しい年が来て、取材攻勢に沈黙を通していた母が、初めて某新聞の取材に応じ、思いを語りました。その中で、太平洋横断を計画していた父と二人で観に行った映画のことを、こう語っていました。

「グラン・ブルー」

――男は海に生き、女は愛に生きる――

水中に素潜りするダイバーの物語。命綱をつけ、危険な深さになると船上から機械で引っ張る。ダイバーは最後に一度、もっと深い所へ行きたいと強く願い、恋人の手に命綱を託して潜った。『私の愛を、見届けてきて！』と、恋人は、そっと綱を放す……。

映画の最後のシーンで綱を放した恋人の胸の内に、思いが重なったと。

映画館を出て、父は

「悪いもの見せちゃったな！」とポツリと言い、母は黙って泣いた。

「純粋に、夢を追っているあの人の足を引っ張りたくなかった。あの人は絶対に生きていると思います」と。

母は、毎日近くの神社に、お参りに行き、祈り続けていました。その後、某雑誌のインタビューにおいて、なぜ、父を止めることはできなかったのだろうかという質問に対して、

「自分の最愛の人が社会のためになると信じてやろうとしていることを、私が自分のためだけに、どうしてやめてほしいなんて言えますか。最愛の人が、自分の人生のすべてを賭けて『お願いだから、黙ってやらせて欲しい』と言った時に、口に出して、やめて欲しいといいにくかった。だけど……口にこそ出さなかったけれども、私なりに気持の中で、やめてくれればいいという思いを精一杯表現したつもりです。毎日毎日、心の中で葛藤の日々だったんです」と答えています。

それまでの母を見ていた私たちにとって、新聞も一社、雑誌も一社と決めていたにせよ、自分の気持を、素直に書いてくれそうな取材を受けようという気力が、湧いてきたということだけでも、喜びだったのです。

それから、二年後、三年後、四年後……と、四季の移り変わりの時期もそうでしたが、とくに、秋の声を聞くと同時に、マスコミが訪れ、決まり事のように、週刊誌に取り上げられています。何と言われようと、母は、

「私は、主人が生きて戻ってくると、信じています」と毅然として答えています。》

最初の二、三か月は、何が何だかわからないまま過ごしたと言っても過言ではない。楽観的で、プラス思考で、切り換えが早いと自分で思っていたし、眠れないとか、食べられないとかで悩むことのなかった私にとって、今度のことではすべてが、自分で自分にくつがえされる思いだった。この後は、自分で自然に立ち上がるのを見ているしかなかった。そんな私をわかって、強く支えてくれたのは三人の娘、年老いた母だった。周囲の人もまた、それを見守ってくれたからこそ、立ち上がれたのだと思う。魂で結びついていた二人だから立ち上がれると、娘たちに言われた。

私は、彼が帰って来ないなんて、これっぽっちも思っていなかった。何でと言われても、固く信じていた。彼の帰りを家で待つと決心して、ホテルを出る前夜、私は娘たちに手紙を書いた。

《いろいろあったけど、今言えることは、ズーは、あなたたちが魂で結びついていると言ってくれたように、私と一体になれる人。これは、はっきりと言い切れます。何を問われても、何をどう

されても、私は、ズーが心から信じられるのです。私の幼い時からの信念とズーはひとつになれるのです。今後の状態は、まったくわかりません。

私は、ますます信じて行きます。このことを、今さらと言わずに、この状態を迎えて、もう一度改めて言うと同時に、あなたたちも堂々として下さい。聞きたいことは、何でも聞いて下さい。

どうもありがとう！》

当たるも八卦、当たらぬも八卦で、占いをあまり信じることのない私が、彼が飛び立った時の十一月二十三日〜十二月二十二日の間の、辛口星占いが、新聞に出ていたのを大切に切りぬいて、とっていた。

彼の生年月日、八月二十一日獅子座の所に、

――知恵は回るし、宴会は楽しいし、上機嫌が続く。余裕があれば、落ちこぼれに愛の手を。これが出来たら、運は増す――

戻ってきたら、これを見せたいと思った。

「ピッタリ、当ってるわね！」と。


――朝焼けの美しさ語る彼の声　至福の感をともにあじわう――

祈り

彼との連絡がとれなくなった時だった。アメリカの領域に入っていると思うので、できたらアメリカの新聞に載せるようにしたいから心情を書くようにとマスコミの人に言われて、手紙を書いた。わらをもつかむ気持だった。

《「夢多き男に愛を下さい！」

幼い頃、母親に買ってもらった風船を手にした時、これをたくさん持ったら空を飛べるだろうと思った。

飛んでみたい。純粋にそう思い、その夢は五十年たっても消えるどころかつのっていった。

ピアノ調律が専門の、彼の、体から感じてする調律によって、ピアノも生き生きと個性を発揮する。

彼にとって、音楽の音＝魂＝風船、すべてひとつになるこの夢多き風船は、身体障害、精神障害の人たちのやる氣を起こさせ、地球の環境保護にも必ず役に立つ。

子どもたちにはもちろんのこと、年齢に関係なく夢を与えられる。

そして、彼が最も望んでいたことは、彼が、心から愛していた音楽の大切さを訴えたかったのだと、私は思っています。

十一月二十三日夕、琵琶湖畔からアメリカに向かって飛び立ち、二日後までは行方がわかったのですが、その後、まったく消息不明です。アメリカの領域に入っていることは、確実と思います。高度が、予定より低く三千メートル前後だったため、風に流されてどう動いているかわかりません。はじめにとれていた交信の中で、風船の具合を見て、明るくなったら島におりるかもしれないと言っていたことが、耳に残り、孤島についているのではないかと思ってみたりしています。

超生命力のある人だから、必ず生きているはずと、家族は信じてうたがいません。

海上保安庁にも、捜索願いを出していますが、アメリカの領域にはいっていると思うと……いても立ってもいられない気持です。

このことを実行する前に、今年の七月末、ワシントンのＦＡＡ（米連邦航空局）にも許可を得に行き、アメリカは、冒険に対して寛大で、とても嬉しいと素直に喜んでいました。

ロマンに賭けた男。

この人が生きていたら必ずや、世の中の見えない部分に役立つ、彼はみんなのことを考え、みんなのためにピエロになれる人です。

彼の命のかわりに私の命をささげるから、どうか神様、彼の命をお守り下さいと、ずっと祈り続けています。

どうぞ、愛を下さい！》

（アメリカの新聞にというお話で、祈るように書いた手紙だが、その後のことはわからないまま。）

飛び立って二日後に、海上保安部の捜索機が金華山沖八百キロの海上で、彼の乗った風船「ファンタジー号」を発見した。それが、後にも先にも最後の情報だった。

翌年になって、新聞に宮城県金華山島のことが載っていて、私は、思わずむさぼるように読んだ。牡鹿半島の沖に浮かぶ金華山島、太平洋を一望できる美しい島、本土から船で三十分、神社職員が住むだけのこの島とあった。私は、迷惑と思いながらも、この金華山黄金神社の宮司に手紙を書いた。何か情報を得られないかと、無理と思いつつもドキドキしながら、かすかな期待をした。

何日か後に、ご丁寧に、お便りをいただけた。

《御心配の事と思います。

金華山沖と申しましても、八百キロとなりますと、遙か彼方でございまして、ちょっと見当もつきません御遠方と思います。

ひたすら、御無事を祈る他はないと存じます。御大切におすごし下さいませ》

本当にありがたいことで、お便りに深く頭を下げた。

自然の厳しさには、謙虚でなくてはならないことは十二分に分っていても、それでも、彼に限ってと思えるほど、私は彼のパワーを信じてしまう。

飛び立って九か月目を迎えた頃になって、絶対に生きているということは信じられても、何か少しでも情報を得たいと精神の穴蔵からやっと出はじめた。帰ってこないことにショックを受けて、三か月くらいは彼の無事を祈りながら、家族に守られながら、自分で自分が立ち上がるのを見つめるしかなかったし、それが私の立ち上がり法だった。その後は、良い方へ、良い方へと考えながら、祈りながら待つ日々を過し、自分からようやく動き出そうと思ったのが、九か月目だった。

まず、地元の警察に行く。

私は、彼が飛んで一週間目くらいに、海上保安庁に捜索願いを出したのだが、地元の警察にも出さなければならないことが分り、手続きをとった。それから二年に一回、再願い届けを提出している。その時警察で、警視庁刑事部鑑識課に行ってみるように言われた。

ここでは、体の特徴などを聞かれ、遺体としてあげられた多くの方たちが、いつ、どこで、どういう風にというメモが記されているのを、見せてもらった。中には、海から陸に打ちあげられたご遺体のことも記されていた。もちろんいない。

生きていると信じ切っている私は、万一ということも思えずに、他の記帳されていたたくさんのご遺体を見て、ずっと手を合わせていた。つらかった。

係の人に、いないことを告げると、「よかったですね」といわれ、心がキューンとなる。次に、外務省に行った。というのも、ジェット気流に乗ってこそアメリカに行けるが、彼が飛んだあの高さでは、予定していた気流に乗れるわけではないので、悪く考えれば、どこに行ったかわからないけれど、良く考えれば、彼の集中力プラス自然のフォローで、どこかに必ず着いている。そう思えたので、外務省にも相談してみたかった。

邦人保護課に行った。親切に相談にのってくださった方のお話から、やるだけのことはしても、やはり、当たってみる範囲も広いわけだし、非常に難しいことがわかった。とりあえず、家族である私の心情の伝わる手紙が必要ということで、この「祈り」の項のはじめに記したような手紙を書いたのだが、考えた末に、この時は、出さなかった。

今度は、気象庁へ何度か通った。気象図をコピーしてはいけないと思っていたので、はじめは出発日のあたりを見るために。次に、もっと飛んでいたと思える間の日を見るために。見方も大体しかわからないので困った。三度目には、姓に縁あって鈴木さんという所長にお目にかかることができた。彼の冒険のことはよくご存じで、「あの時は―」と、親切に説明して下さった。

十一月二十三日夕方出発、二十五日海上保安部の捜索機が発見した朝まで、琵琶湖から千三百キロ飛んでいる。時速五十七キロ、空気の流れより遅い。等圧天気図から地衡風を求める表というのを見て、計算していく方法も教わった。

また、天気図は、コピーできるからといわれて、十一月二十三日から、約三週間後までの天気図を求めた。帰ってきて、天気図とにらめっこ。私が、何回かたずねたお天気相談所は、夏休みの終わりに近かったせいもあって、宿題にお天気について知りたい親子連れで混雑していただけに、ご親切が身にしみた。

天気図を見ているうちに、小さな島も大きく載っているような超特大地図を求めたくなり、世界の地図を集めたマップハウスに行った（彼も地図を見て、しっかり勉強した様子は、行った後の資料を見てもよくわかったが、大きな地図は持って行ったので手元にはなかった）。飛んで行った方向の超特大地図を見ていると、彼が下りやすいように、手で島を書きこんでしまいたくなるくらい島が少ない。

良い方に考えてしまう私は、こう思う。予定通りの高さではなかったわけだし、時速もゆっくりなので、このような島の少ない方向へは、風船は彼を連れていかなかったに違いないと。

新聞記事で読んだのだが、宮城県金華山沖八百キロの海上で漁船が炎上し、救命いかだで脱出した乗組員が、通りかかったフィリピン船籍の貨物船に救助された、という。島は少くとも、船で助けられることもあると思える。

海上保安庁へも、今度は自分の意志で再度でかけた。はじめは、あの騒ぎの中、自分の心の中も、高層ビルの最上階と最下階を、上がったり下りたりしているような時、支援者の方と行った。その時に「全力を尽くします」と言って下さった方のお気持も、私の心の大きな励ましとなった。

今回は、そのお礼と再度のお願いをしたかった。本当は、彼を見た最後となったあの写真を撮った、海上保安部の捜索機の人に会いたいという気持も少しあった。彼が大好きだったフランス映画「赤い風船」のラストシーンとそっくりの写真――私はあの写真を見る時、深い想いがこみあげてきて、涙なしには見られない。あの写真を撮った方の目の中に彼の姿を見たい。それを言う勇気はなかった。今では、それでよかったと思っている。

一九九五年一月一日の朝日新聞に、〈「謎」を通じて時代が見える――戦後の不可解事件史〉として一九四六年からずっと記録されている欄に「一九九二年、金華山沖八百キロでは、元気な姿が確認された風船おじさんだったが」と書かれて、海上保安庁提供の、あのどうしても涙してしまう、でも、夢一杯の写真が載っていた。

どんなときでも、食べられない、眠れないということのない私が、しっかりとそうなった。自分では、だるまさんみたいに転んだと思ったら、すぐ起き上がる人だと思っていたが、このときばかりは、普通に生活しているものの、〝氣〟が立ち上がるのに、時を本当に必要とした。やっと、〝氣〟が立ち上がって、あれこれ調べたり、確かめたり、お願いに行ったりして得た結論は、連絡があるのを待とうと思うことだった。私が、自分自身の〝氣〟が湧いてくるのを待ったように、彼にその〝氣〟が湧いてくるのを、信じて待ちたい。

太陽にも、風にも、月にも、星にも頼んだ。

「彼がいたら、伝えて下さい！　どうかその気になったら、連絡してください」と、瞬間思うと、どこにいても手を合わせて祈ってしまう。

彼が飛ぶ前に、私と三人の娘にパスポートの期限が切れていないか調べて、切れていたら申請してくるようにと、うるさいくらいに言っていた。

「僕が、戻ってくるか、到着した場所に来てもらうかどっちかだから、パスポートは必ず用意しておいて！」

皆で、パスポートを用意してずっと待っているのに……

今や、〝夢〟と見えないものを大切にしたいと思う〝信念〟に賭けたことで、目に見える財産はないどころか全くの沈没状態。それは事実。でも、その信念が強い支えになっている。彼も私も、最後まで夢と信念を貫くことに賭けたいと思っているだけ。

ロマンに賭けるには、覚悟が必要と思う。彼の意志を継いで、彼の口ぐせ通り「行けるところまで行こう」と強く思った。

冒険の見方に違いはつきもの。失敗か成功かと決めつけてしまうのは簡単だが、是非、心意気も伝えて欲しいと願う。何をもって、失敗と決めつけることができるのか。

失敗を恐れず、何度でも挑戦できる社会、人間の可能性を追求して生きられる社会、見えないものを大切にする社会になったらと、いつも想い、語っていた彼。

強い信念を持ち、童心を大切にし、誰もがやったことのないことに挑戦した彼。生身の体で、そこに賭けた彼。

私の好きな、サミュエル・ウルマンの「青春」の一部を、ここに記したい。

青春とは、人生の或る期間を言うのではなく、心の様相《ようそう》を言うのだ。
優れた創造、逞《たくま》しき意志、炎ゆる情熱
法懦《きょうだ》を却《しりぞ》ける勇猛心《ゆうもうしん》、安易を振り捨てる冒険心、こう言う様相を青春と言うのだ。
年を重《かさ》ねただけで人は老《お》いない。
理想を失う時に初めて老いがくる。
小児《しょうに》の如く求めて止まぬ探求心、
人生への歓喜と興味。
人は信念とともに若く　疑惑《ぎわく》とともに老ゆる。
人は自信とともに若く　恐怖《きょうふ》とともに老ゆる。
希望ある限り若く　失望とともに老《お》い朽《く》ちる。

（邦訳　岡田義夫）

――祈ることを愛したい耳を澄ませば　心の中で語られるから――

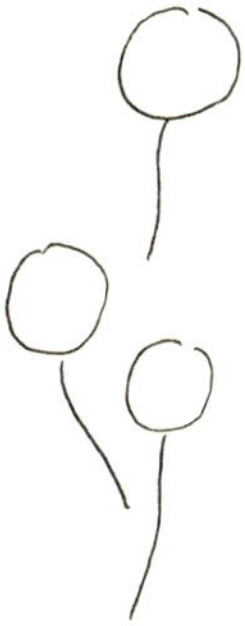

マスコミ

今までにも、マスコミから、私個人や三人の娘たちの音楽活動について、取材を受けたことはあった。でも取材自体、共感を持ってきて下さる方たちの取材なので、良い感情が流れることはあっても、悪く思うことはなかった。

マスコミ攻勢のすごさを、ほかで見たり聞いたりして、行き過ぎやり過ぎに対して、同じ人間なのにどうしてその人の身になれないのだろう、我が身におきかえられないのだろうかと、よく憤慨し悲しく思っていた。

でもすぐ後で、仕事熱心のあまり、ああいう風になってしまうのかしらと相手の立場を理解しようとしたり、やはり残念に思ったりしていた。

彼は、私たちをそういうことから避けさせようとしたのだと思う。早くから「自分が家を離れたら、ここに行って！」と有無を言わせず、すべて段取りをとっていた。その通りにしたので、最もすごい攻勢からは逃れられたのだと思う。

でも、ホテルに長逗留になったので、何があっても家に戻って彼を待とうと決めてからは、いろいろあった。こちらは何も言っていないのに、言っているように書かれたり、本当に留守をしていたのに、何度もきた方にはとんでもないことを書かれたりした。仕事とはいえ寒い中、あまり何度も見えて申しわけなくなり、「こういうことだから何もお話することはありませんので」と言わなければと思ったりして、その熱心さに負けてしまうこともあった。

「今は、どうかそっとしておいて下さい。無事を祈って待っているのですから」というと、「わかりました。会って下さったことに感謝します」とその通りに心が通じ合える人。かと思うと「わかりました。記事には致しませんから、安心して下さい」と言っていながら、後で書かれていたり。テレビ局にしても、同じだった。

私も、迷ったあげく、支援していて下さった方に相談して、彼が飛んだ翌年にインタビューに応じたことがある。それは環境問題等に重点をおき、社会現象問題について掘り下げている雑誌だった。

当時、私は、彼の命の無事だけを祈ることに精一杯だったので、報道もほとんど何も見ていなかった。ひどい記事にされたことを後で知った時は、同じ人間でここまでするのと体が震えた。その報道が波紋を呼ぶ恐しさ、それにかこつけて脅迫めいたこともされ、さらに目茶苦茶な情報提供ありで、辛い想いをさんざん味わった。でも、私はどんな目にあっても、人間の〝善〟を信じたいと思う。

それを貫いて、色眼鏡を外してくれた人、また、「今、おっしゃったことを、ご自分の身におきかえても、同じことおっしゃいますか？」と思わず言ってしまったら、考えてくれた人。

「私が信じていること、私がわかっていることは語ることができても、彼でなければわからないことは、語ったらうそになりますから、語れません」というと、素直に受け入れてくれる人。

わからないことを推測で語る。それほど失礼なことはないし、私自身そうした時、最も自分を恥じる。彼が、先入観、偏見、詮索を最も嫌っていたように、そうすることも、されることも、これだけは絶対に避けたい。

そこを解ろうとして下さる、心に残る人たちもいた。つらい時だけに、心が通じる一筋の光を見出すと、私は単純なだけに、何百倍もの光になって、大きく救われる。

その時、最も熱心に訪れたマスコミの人で、「この人なら、信じられる」と支援者の代表者の方も太鼓判を押してくれた人がいて、私たちも、その人を信じ行動した。

留守中に、ポストに入っていたメモから始まった。

《突然の失礼をお許し下さい。（この後、自己紹介）

今回の件、鈴木様の勇気に、全く感服している次第です。

多くのマスコミは、非難めいた論調で報じておりますが、そもそも冒険とは、危険が伴なって当り前。それを大方の日本人は、理解していないように思います。

鈴木様に対する無理解な非難に対し、ぜひとも、御家族の立場から反論していただきたく、参上しました。》

マスコミの人の中に、信じられる人がいると思うだけで、心に灯りがともった。

それでもその人に、私は、生意気にも、

「彼のことは、生半可な気持の人には、わかってもらえないと思うから、中途半端な気持だったら止めて下さい」と、言ってしまった。

後から考えると、その人のお陰で、マスコミから受けたつらい印象、想いが飛んでしまうほどに、暖かい愛情をたくさん受けることができた。〝縁は異なもの〟というが、まさにありがたい縁だった。その人、瀧本英雄さんの人間性にひかれ、家族同士のおつき合いも始まった。

これこそ奇遇で、彼が飛ばなければ出会うことはなかっただろう。

時期は、だいぶ飛ぶのだが、彼が冒険に出て、五年目を迎えようとしている一九九七年四月四日、偶然にも、私の誕生日が初日で、「風船おじさん」という一人芝居が行われることを、知人から聞いた。まだ、心の扉が開いていない私にとっては、驚きのニュース。知人は、私が知らないことにびっくりしていた。やがて台本が送られてきた。

複雑な気持を抱きながらも、とりあえず、初日、皆で観に行った。

一人では、とても行けなかったのと、私の誕生日を祝ってくれる日でもあったので、皆、自然に行くと言ってくれて良かったと思う。私自身は、台本を直前に読んでいるのにもかかわらず、観ている間、何が何だかわからない状態だった。私も娘も実名だったので、正直言ってつらかった。

それだけに、彼のことで出会った瀧本さんも一緒に行ってくれて心強かった。瀧本さんが、私に書いてくれた感想を大体だが、ここに書かせてもらう。

《台本を読んだ時、実は、非常に良い台本だと思いました。何と言っても〝風船おじさん〟に対する作者の共感と愛情が感じられたからです。作者は、パンフレットの中にも〝愛すべき風船おじさん〟という表現を使っていましたし、台詞の端々に〝風船おじさん〟が愛すべき人物であることが、強調されていました。

作者も俳優も表現者ですから、今回の舞台を〝作品〟として捉えていることは明らかです。それに対して、私も含めて石塚家の皆さんはあの舞台を、どのように捉えていたのでしょうか。当事者としては、難しいことだとは思いますが、多少なりとも離れた位置にいる私は、〝作品〟として接することができました。そうして見た場合、冒頭に記した通り、出来の良いものだと思います。

しかし、石塚家の皆さんは、もちろん純粋に〝作品〟として見ることは、できないと思います。一番の問題点は、ここにあるわけです。だからこそ固有名詞や、プライベートな部分が、気になるわけですよね。

けれど、表現者としては、より具体性が欲しい。具体的であればあるほど、説得力が増すのですから。では、彼等は何を訴え、どう説得したかったのか。私はこう思います。

〝鈴木さん〟という私人ではなく、社会的に大きな関心を呼び起こした公人としての〝風船おじさん〟は、誰もが持っている〝ほんとうの何か〟を求める気持を、実践に移した数少ない日本人なのだ。だからこそ、当時、人々はあれほど興味を抱いたのだ(人々によって求められるべき〝ほんとうの何か〟というような言い回しは、宮澤賢治がよく使っています)。

むろん、〝何と無謀な〟と半分笑いながら、ニュースを見ていた人も大勢いた。けれど、そんな人達だって、心の片隅では〝風船おじさん〟の行動に共感と憧憬を抱いているに違いない。なぜなら、彼等がやりたくてもできないことを、実行に移してしまったのだから。

陳腐な表現を承知で言えば、今日の日本社会の状況というのは、実に退廃的かつ閉塞的ですよね。

政治家や官僚の腐敗は言うに及ばず、援助交際という名の売買春が平然と行われている。経済的な豊かさに固執するあまり、誰も彼もが拝金主義に陥っている。しかも、当の本人は、そのことに気がついていない世の中。日常の忙しさに、我を忘れているうちは気にもとめないが、ふと、顧みると、何ともせち辛く、息苦しい社会に棲息している自分自身を見い出す……。

そんな大多数の人々から見ると、〝太平洋を風船で渡る〟などという一見、荒唐無稽なことを、大真面目にやろうとした〝風船おじさん〟は、理解し難い。だからこそ認め難い、けれど、気になって仕方がない存在なのだと思います。表面的には、嘲笑していても、心の底には（繰り返しますが）共感と憧憬を抱いている……。

（自分も、この息苦しい世の中から、脱出したいという気持は、誰にもあるはずです。）だから、〝本当はみなさん、私に帰ってきてほしくないんでしょう？〟という台詞も生まれてくる。大多数の人々にとっては、〝風船おじさん〟が、閉塞的な日本社会で自分と同じように生きていくなんてことは、思いたくないんですから。

俳優も、あれだけの長大な台詞を記憶したり、あれほど人を引きつける演技をするには、努力や才能以外に、〝役に対する思い入れ〟が不可欠だと思うのです。

とにかく、全体を包んでいたものは、決して悪意でなく、共感と愛情。私には、そう思えました。

鈴木さんのことがきっかけで、私は、石塚家のみなさんと知り合うことができました。正直いって、今まで述べてきたことは、考えもしませんでした。舞台をきっかけに、考えさせられたことです。〝観に行ってよかった〟と、思っています。》

　このような感想を書いてもらって、とてもありがたかった。一回目は皆一緒でなければ見られない状態で、複雑な気持と緊張感で、本当におかしくなるほどだった。そのせいか、もう一度冷静に観たいと思った。その後いろいろな所でやっていたのを、ただただ深い所で自己確認したくて、その後計三回一人で観に行った。

「何のために、何回も行ったの？　それで、どう思ったの？」と聞かれたりもしたが、原点に触れたい、人間愛を信じたいという想いだけで回を重ねた気がする。

　ちょうど一回目の初日四月四日は、私の誕生日。入院中の母からお祝いの電話をもらった。

「由紀子ちゃん、お誕生日おめでとう！」と。

　母は良くなったり悪くなったりを繰り返している時だったので、その日、そう言ってもらえただけで最高のプレゼント。その最愛の母が、三日あとの四月七日に他界した。そのショックが大きい時期と一緒になってしまった。

　二回目以降は、彼の心を大好きだった亡き母の写真とともに観に行った。

　少しずつ、客観的に観られるようになっていった、と思えたのは公演場所によってお客様の反応の違いが見えてきたからだった。そのような中で、私の心の奥深くの扉が少しずつ開いていった。この事実は、私にとって思いがけないことだった。

　その頃、文化放送の取材ということで、制作の植松敬子さんからお手紙をいただいた。

　この放送局では、彼も出発前に出演した事もあり、三人の娘も音楽の三十分番組に出演し、また、長女がその放送局の仕事をしたこともあって、何か縁を感じていた。

真摯な姿勢のお手紙に、私は心うたれた。やがて、お会いすることになり、お手紙通りの人だと感じたのだが、その時の私の心の状態では無理なものがあり、実行に移すまでに、それから一年以上かかったことになる。その間、植松さんが誠実な姿勢をとり続けて下さったことで、開きかけた私の心の奥の扉を、さらに開放させてくれたと思う。

植松さんは、番組を制作するには、大前提として私の理解と協力が得られた場合に限ると強く言われた。取材を始めるにあたっても、まず初めは、彼のことを一番よく知っている私のインタビューからだと。本質の部分のインタビューなくして、第三者の取材を行うと、それこそ道を外れてしまう恐れがあるからと。それを守るためにこういう手順を踏みたい。その結果、気が進まなかったら、番組の企画・制作自体を断念するとまで言ってくれた。

彼女から、一番始めにお手紙をいただいた時、

《環境保護のメッセージを持って出発されたということ。朝焼けがきれいだという連絡。教授が、今でも鈴木さんの功績について講演で話されているということ。こうした断片的な情報だけでも、鈴木さんのあたたかいお人柄が感じられました。私の心の中で、鈴木さんのことがずっと忘れられないのです。今は、〝鈴木さんのお人柄をもっとよく知り、番組を通して伝えたい〟》

というようなことが書かれていたが、その初志貫徹の精神に私の心は開いた。

初めてお会いした直後のお手紙に、こう書かれていた。

《鈴木さんの心の源に音楽があったことを伺い、尚一層、番組を制作したいと思いました。鈴木さんの本質に、音楽を愛する心があること、音楽が全てだったということがわかった今、何も知らない人に、どう本質を伝えるか。私は、番組制作にあたって、一人でも多くの人に訴え、知らせ

たいという考え方に基づきたい。それは、一人でも多くの人が〝何か〟を感じてくれたらいいなあと願っているからです。

鈴木さんは、音楽を心から愛していらした。この優しく純粋な心があったからこそ、環境保全のメッセージを持参して、アメリカへ向かわれたのだと思います。

また、子どもの頃、誰もがあこがれた風船旅行の夢を、鈴木さんは、なぜ、大人になるまで待ち続けられたのか――その背景には、音楽を愛する純粋な心があったからだと思います。》

植松さんの真意がわかった私は、彼女を信頼しおまかせしようと思った。はじめにお手紙をいただいてから一年以上経っていた。この方なら、取材を受けると覚悟は決めたものの、今までずっと、そっとしておいて欲しいと言い続けてきただけに、ちょっと違うかしらと、また心の扉を閉めそうになったこともあったが、そんな時、植松さんはもちろん、周囲の愛情で前進できた。

取材が始まってからすぐに、軽井沢の夏の音楽祭で私たちファミリーのコンサートが、決まっていたので、それにも、植松さんはとんぼ帰りで取材をかねて聴きにきてくれた。

また、彼がゴンドラを檜の桶でと発想し、お願いした東京・江戸川区の名人といわれる素晴らしい桶職人を取材された時、私に小型の桶をお土産に下さった。「使って下さい」と言われたけど、ありがたくて使えないし、彼が戻ってきた時、こわれてたらとんでもないことなので、大切に飾ってある。

ゴンドラを檜で作って下さった名人に、私はずっと感謝し続けている。彼が飛んで何年経っても、マスコミの人たちが取材に行くと、

「あの人なら、生きていると思う」と言われたそうで、そのことを、マスコミの人たちが私に伝えてくれた。とても励みになっている。

名人曰く、

「私が、ゴンドラは籐で作るものだからと断ったけど、とにかく話だけでも聞いてくれとねばられ、従業員と二人で苦心して、檜の桶を作りました。〝海上に着水する可能性も高い〟という鈴木さんの主張にも説得力があったね。仕上ると、あの人は目を輝かせて、ゴンドラの中に入っちゃって、しばらく出てこなかった。もう子どもが、おもちゃもらったみたいにさ、中に入っちゃって出てこないの。ここに防寒具を入れてとか、ここにコタツを置こうとかいってんの。三十分も一時間も。本当に嬉しそうだったね」

彼だったら、それこそ気の済むまで、檜の桶の中にいて、夢をふくらませていたかったのだろう。私には、その時の彼の目の輝きが、様子が、まぶしいほどに見える。植松さんが、今回のことで名人に取材に行った時も、同じようにその時の様子を話して下さったと伝えてくれた。その植松さんからの絵葉書が、一九九八年九月中旬、突然舞いこんできた。外出先から戻ってきて、ポストから出したこの絵葉書をしっかり抱きしめてしまった。

《前略

約、一か月の御無沙汰ですが、その後いかがお過しでしょうか？

私は今、鈴木さんが保護を訴えていた、鳴き砂の取材のため、島根県仁摩町に来ています。たった今、素晴らしく美しい海岸で、思い切り、鳴き砂を踏みしめてきました。

ホントに見事な音が鳴りました。

鳴き砂は、ほんの少しの汚れでも、鳴かなくなってしまう、デリケートなものだそうですが、仁摩町では、海岸沿いに住んでいる人々が、砂浜を自分の庭のように、愛していて、毎日毎日きれいにしているそうです。

　ここに仁摩町の空気を、石塚さんにお届けしたく、ハガキを出しました。戻ったら、また、御連絡します。　草々》

彼が、壮大な冒険を決心した鳴き砂の場所からの絵葉書、すぐにでも、その場所に行きたい衝動に駆られた。

絵葉書は深い想いを起こさせ、私にも鳴き砂の音が聴こえてくるような気を起こさせ、そのうち、涙でかすんで見えなくなってしまった。

「どうもありがとう!」気がついた時は、植松さんの心に頭を下げていた。その瞬間、心に決めた。彼が飛んで七年目を迎える一九九九年一月一日に、私は鳴き砂の場所、島根県仁摩町琴ヶ浜に必ず行くと。約四か月後に、その通り実行した。植松さんに行き方、現地の様子をすべて伺って行ったのだった。

　植松さんが取材先から帰ってきて、お土産を渡したいからと言われた。素直に楽しみにおみやげを待った。それは何と、鳴き砂を録音してきたテープ、そして売られていた鳴き砂のお土産。

　陶器に入った鳴き砂に、パンフレットがついていて、そこには日本一よく鳴る浜〝琴ヶ浜の鳴き砂〟についての説明があり〝とりもどせない大自然の宝　みんなで守ろう!!〟とあった。そして、演歌の詞と楽譜もともに入っていた。思わず、一生懸命練習してしまった。艶歌と書いた方がふさわしい情の濃い歌だった。後で、植松さんにその話をしたら、鳴き砂のお土産の中に、その歌詞が入っていることはご存じなかったうえに〝女　泣き砂　日本海〟というそういう曲があったことにびっくりされていた。私も、もちろん知らなかったので、その後CDを探して聞いたほど。

植松さんが現地で実際に録音した、琴ヶ浜の鳴き砂の音のお土産は、テープがすり切れるほど、聞いた。まさに、〝大自然の賜物〟。この音を聴いて、心を決めた彼の心に重ねあわせて……

植松さんは、放送日を、彼の出発した六年目の十一月二十三日近くにしたいと望まれ、結局一九九八年十一月二十二日、日曜日夜八時から三十分間、放送された。

この日、私たちファミリーは、この年の前半に、日本で初めての女性作曲家の楽譜を編さんし、出版にこぎつけた、その記念の意味もあり、また、私の心の中では、彼が一番喜ぶ音楽の贈り物をの意味もこめて、同じ日の昼間にコンサートをした。コンサートは、主催して下さるところがあって、早くから決まっていたので、同じ日になったのは偶然なのだが、昼に夜にと心に深く残る日になった。

夜、放送された題名は

「ファンタジー号に乗って——あれから六年・消えない響き——」。

どのような構成で制作すれば、彼自身の真の姿が伝えられるかと、常に真摯な態度で、取材された植松さんの心が、まさにそこにあった。しかも、映画の「E．T．」を何度も見て、その度に涙していた彼の気持に、好感を持ってくれた。誠実に、見事な心意気で番組制作に望んで下さった。ありがたいの一言に尽きる。何より、〝やる氣〟を大切にした彼だからこそ、この番組のテープを聞いたら、その〝氣〟が伝わって、きっと喜び、大感激すると思う。その感激を彼が戻ってきて、植松さんに、直接伝えて欲しいと心から思った。

放送が終わって、植松さんからお礼状が届いた。

《石塚さんに初めてお手紙を出してから、約一年半、今になるとあっという間に感じますが、その間、様々な考えや、思いを、時にはぶつけ合い、共感しながら共に時間を過せたこと、とても嬉しく思っています。放送の番組に対して、勉強のためにも、率直な感想を是非お聴かせ下さい。

手紙に、石塚さんへの感謝の気持をつづるのは、到底不可能なことで……

近日、お会いした時に、しっかりお礼を言わせて下さい。》

そして、私たちは会うことになり、何と一日の三分の一時間を話し続けた。

そしてさらに一年後、またまた嬉しいお手紙を夢一杯の便箋でいただいた。

《今日は、鈴木さんが出発されてから丸七年、もう今は私にとってもこの十一月二十三日という日は特別な日となり、外に出るとついつい空を見上げてしまいます。そしてカラフルな風船に囲まれ、笑顔を浮かべている鈴木さんの姿を想像するのですが、今年は二〇〇〇年という何やら未来を思わせる節目の年を目前にしているからでしょうか。目に浮かんでくる鈴木さんと風船により一層大きな夢を感じました。

最近特に忙しく、心に余裕のない自分を感じていましたので、空を見上げて夢を感じとれたことに何だかホッとしました。

姿なくとも人をホッとさせるってすごいですよね。多分私はこの先ずっと十一月二十三日は空を見上げ続けホッとし続けるでしょうから……》

愛しく思ってしまう。この気持のつながりは、一体、どういうことなのだろう。はじめ取材を申し込まれた時、こういう人間関係に進展するなんて想像もしていなかった。

マスコミ取材、マスコミ報道に、ある時には、何でこんな受け取り方するの！　こう言っていたじゃない！　こんなことしていないのに！　約束したのに！　そんなこと言っていないのに、どうして！　心の中でいきどおったことも、何度もあった。

でも、私は、そのエネルギーを、人間の善を信じることに向けた。

そう転換する気にさせてくれたのも、こういうことがなかったら会うこともなかった、知ることもなかった人に、大きな愛をもらえたからだった。

二十九歳で昇天した詩人、八木重吉の処女詩集
——どこかに「ほんとうに、美しいもの」はないのか——は、
《真の美はどこにあるのか、それが、私自身の内部でも、外の世界でも、また万一敵であってもよい。
ただ「在る」ということがわかれば満たされる。
だが私は、それを追い求めるのに、疲れ果てた》と歌う。
自分の中が、空白になってしまうくらいの出来事にあった時、出会った人たちの影響力はとくに大きい。自分の立場におきかえ、共感をもてる所に立ってもらえただけで、この詩のように、疲れ果てることもなく、その共感が生きがいになって、前向きな姿勢を呼び起こす。この実感を、私は

たくさんプレゼントされた。大ショックで立ち上がれないかと思っていたような出来事の中で、こういう思いを抱けるように、〝愛〟をいただけたことを嬉しく思う。

よく、マスコミ批判を？　と意見を求められる。私にとって、ふり返ってみた時に、一番基本になる人間愛の所で、プラスマイナスどちらが心に強く残っているかと、自分に問うたら、プラスの方が残るからこそ、〝善〟を信じられる。

よくわかり合っているはずだと思っている間柄でも、誤解が生じることはしばしばある。今回のことから学んだように、このことがなかったら会うことのなかった人からも、こんなに素晴らしい共感という、体の内から湧いてくる、勇気やエネルギーがもらえる素敵さ！

だから、善意を信じることによって、やがて誤解もとけることを、私は信じることができる。

——初めてのマスコミのすごさにおどろきて　それでも善を信じられるしあわせ——

第二章　夢

――夢叶えた想像力心意気　勇気がすべてと信じて生きよう――

夢のコンチェルト

一九八五年七月十四日、東京・日比谷公会堂において、彼の企画で、
「夢のコンチェルト —— 音と映像の世界より —— 東京交響楽団と共に」が、実現した。
貴重な、伝統ある日比谷公会堂を舞台に「夢のコンチェルト」を繰り広げたい。緑に囲まれ、広い芝生の庭を前にし、文化を生み続けてきた日比谷公会堂で、この催しをしたいという彼の望み通り行われた。

これは、プロのオーケストラと一緒に一般の人がピアノを弾くという、彼の夢の企画だった。このイベントは、彼のなみなみならぬ努力で大成功だった。収容人員二千七十四人の日比谷公会堂が満員の大盛況だった。

その時のプログラムの挨拶文は、書くことの苦手だった彼が、自分の気持を自分の言葉で表した唯一貴重なメッセージなので、そのままをここに載せたい。

《——ごあいさつ——

本日は、音と映像の世界より夢のコンチェルトへ、お越し頂き誠にありがとうございます。
この企画は、私の一生の夢であり、私の生きがいでもありました。

小学校の四年生から、父親がピアノの調律師ということもあり、私もピアノの調律師になることを決意し、ピアノを習い、国立音楽大学附属中学校へと進みました。子どもが好きで、音楽が好きでしたので、調律師として働きながら、夕方は子どもにピアノのレッスンをしました。

私がレッスンした子どもたちは、一度ピアノがいやで辞めた子どもたちを教えました。なぜ、ピアノを辞めたかというと、皆一人ぼっちで練習するのがいやで、ピアノを離れた子どもたちでした。

私はこの子どもたちを見ていて、何か楽しめるもの、何かいいものをと、子どもたちのために考え、そしてこの企画ができ上がりました。

子どもというのは、正直なもので、見る見るうちに進歩し、そして自分から進んで練習するようになり、子どもは、楽しいものには素直に進み、そうでないものには拒否反応を示すことを私自身、身をもって知らされました。

こうして、今は、音苦《おんがく》ではなく、音楽《おんがく》を楽しんでおります。

そして私の夢は、私の教えてきた子どもたちだけでなく、日本中をこうしてピアノを楽しんでくれる子どもを増やしたいと思いました。そして今では、世界中の子どもたちを楽しませたいと思うようになりました。

子どもはもちろんのこと、音楽を志し、ピアノを習う人の多くは、オーケストラと一緒にピアノを弾くということは、ピアノを習っている誰もが持つ夢であり、大きな希望です。

私は、少しでもその夢を叶えてあげたいと今日まで努力してきました。

「土に埋めた一粒の種は、なかなか芽が出ない。

でも、土に埋めたその時から、発芽に向かって変化し始めているはず。

あせっても掘り返してはいけない。

芽ぶくと同時に、地中でも根が伸びているだろう。

この根が木を育てる力——根の気力、根気になる。

それを信じ、希望を持って行きます。

私は、ゆっくりと歩きます。

私の短所は限りなくある。

死ぬまで短所を長所に変える努力をします。

休みさえしなければ、一番後ろから走っている馬でも、いつかゴールインできる。それは素晴らしいことではないか」と私は思っております。

このような私に後援してくださった、音楽之友社、東京交響楽団の皆様、そして協力して下さった先生の皆様には、心から感謝致しております。

鈴木　嘉和》

彼のメッセージに対して、私自身もこのプログラムに、〝夢のコンチェルト〟の土台にある〝テープ〟に祈りをこめて書いた詩を載せた。

《——年齢に関係なく、人間誰もが持っている童心を大切に生きていきたい。

素直に体から感じ、音楽を通して多くの人々と生きていく喜び、楽しさをわかちあいたい。——

目の前がぱっと開ける。

夢の花園に誘われた。

音楽がきこえてくる。

音楽は実際には見えない、つかめない。だけど、素直に体から感じたら見える。つかめる。きっと、音楽がなかったら心は生きていけないと思う。

人間誰もが胸に抱いている夢――

それを正夢にして皆で楽しさをわかちあおうと、命をかける製作者。

夢がしっかりみられるように支える多くの協力者。

夢を素直に楽しんで味わおうとする多くの人々。

素晴らしい一体感。まさに夢の花園。

こんなに美しいものが存在する世の中。

皆で味わいたいこの喜びを……

何か目に見えない力によって動かされていく大きな流れに身をまかせ、
心からの感謝を感じつつ、この夢がますますくり広げられていくことを強く強く願いたい。

石塚　由紀子》

これより二年前の一九八三年には、名古屋で〝夢のコンチェルト〟を開催している。その時、応援して下さった名古屋の楽器会社社長の、プログラムへの心あるメッセージからも紹介したい。
《夢――。

人は、すべての人が夢を持ち、夢に生きていると思われます。

夢は、希望と形を変えることがあっても夢みる人を魅了します。

夢という字にはこのように、未来があり、希望をより大きくしてくれます。

素晴らしい、私の好きな字です。

この字をタイトルに冠した今日のコンチェルトの試みには只感服せざるを得ません。幼児のピアニストはもちろんのこと、音楽を志したピアノを習う人の多くは、オーケストラをバックに檜舞台でピアノが弾きたいと望まれていたのではないでしょうか。

この夢をかなえさせてあげるコンチェルトを企画された鈴木社長に万雷の拍手を呈したい。

鈴木社長は、企画力に秀れたお方で、ピアノを習う子どもたちが百パーセントピアノが好きになるように、祈りをこめたミュージックテープを作られました。

このテープを聞いた時、いい時代になったと感心したのを憶えています。

すべての力を出しお手伝いしたいと思います。

夢のコンチェルトが大成功であることを祈ります。》

また、一九八六年には、千葉県市川市に新しくできた市川文化会館において、県や市の後援を得て〝夢のコンチェルト〟が行われた。

この時も、三歳の幼児から六十四歳で初のコンサート出演の方、そして、同県内の身体障害者三人も演奏者として招待。〝演奏することがリハビリ〟の大役を果たし、心から感動されていた。この方たちを、教えていられた先生とともに、舞台の袖でハラハラしたり、喜んだり……

客席には、招待した仲間の方たちが、強い応援の拍手で、今度は自分たちも弾けるようになって出演したいと、彼に希望を伝えていた。六十四歳の出演者高橋トシ子さんは、若い頃小学校教師をしていて、ピアノは少しの間弾いた経験があるという。結婚して教職を退き、三十五年間はピアノと無縁で還暦を迎えた。また、思い切ってピアノを始めてこの時が初のコンサートだった。その方自身の感想文にも、彼の夢が描かれている。

《―― 還暦のピアノ実って ――

オーケストラの静かなメロディーは流れた。会場を埋めた観衆は固唾をのんで、中央の六十四歳のピアノ演奏者を注目した。

バイエル九十三番はゆっくりと波打って、やがてその情熱は烈しく燃え、昔を偲ぶように優しい旋律は人々の心に滲みていった。消え入るように曲は終わった。われるような拍手が続いた。

ゆっくりと礼をしてステージを去る演奏者の目に、一筋の涙が光った。

それは、一月十二日市川文化会館大ホールで開かれた、

〝夢のコンチェルト　東京交響楽団と共に〟のコンサートに初出演の私であった。

果して、私にこんな大任が努まるであろうか。寝ても覚めても頭から離れなかったあの三か月半。

「お母さん失敗してもいいのよ。舞台に立てるだけで充分なんだから」

娘の励ましも私の頭は受けつけなかった。前日は食事も喉を通らなかった。

いよいよ当日になった。不思議と落ち着きが出た。昨日までの圧迫感が消え頭の中に旋律を繰り返してみた。大丈夫。出来そうだ。

神が乗り移ったような気分になった。

すべてが終わった今、私にあの成果が得られたのは、私を取りまく大勢の方々の深い愛と、そして私の健康があったればこそ、還暦のピアノが実ったのだと思う。

新聞記事にまで取りあげて下さったマスコミの方々、平和の世にしみじみかみしめたこの栄光は、現代の文化の光りでもある。》

この一九九六年夏には大阪でも〝夢のコンチェルト〟が開かれた。そして、秋は、再び東京の日比谷公会堂で。地方でもいろいろな所で行われた。各場所で、多少の変化はあったが、〝夢のコンチェルト〟東京での第一回目の模様を掲載された「音楽の友」の記事より。

《――アンサンブルの楽しみ　オーケストラと協演する楽しみ――

何十人と並ぶオーケストラをバックに華麗にピアノを弾く。ピアニストを志す人にとって、ピアノ協奏曲を弾くことは〝夢〟ともいうべきことであるが、その、夢をかなえて大オーケストラと協奏する催しが、今年の夏に開かれた。

七月十四日、シャンソンでいうならば〝パリ祭〟に当るこの日、東京の日比谷公会堂は親子づれの人達で賑わった。この日の催しは、〝東京交響楽団と共に〟と題して、ピアノを学ぶ子供たちが、日本の名門オーケストラと協演するというもので、子供たちは自分と同じ世代の仲間たちが、どのような演奏をするかに興味を抱き、親たちはかつてのあこがれのコンサートホールに、自分たちの子供が晴れの舞台を踏むことに感激しつつ、三々五々会場に集合してきた。

もともとこの催しは、ピアノ教育の延長線上企画されたもので、本来はピアノとテープの協演が、主たる教育の手段になっている。この教育システムを考え出したのは、鈴木嘉和氏で、ピアノ調律師でピアノ教育に深い関心を持つ鈴木氏が、子供たちの、ピアノレッスンの単調さを救うため、ピアノとテープの協演によるアンサンブルの楽しさを教え、ともすれば挫折し勝ちなピアノレッスンに関する興味を持たせようとするための、オーケストラ伴奏のテープである。もちろん、本格的なピアノ協奏曲を演奏することは不可能であるから、子供たちが日頃レッスンしている「バイエル」「ブルグミュラー」「ピアノ小品」といったものに、オーケストラ伴奏をつけて、ピアノ協奏曲ふうに編曲し、ピアノパートを抜いたカラオケ・テープでアンサンブルを楽しむ、というシステムである。

この耳で覚えてカラオケと協演するというシステムは、なかなかピアノとオケが合わないのではないかと危惧する向きもないのではないが、実際に子供に使わせてみると、意外に合うものであり、使ってみた子供たちの感想を聞いてみても

「おもしろいから、もっと他の曲もやってみたい」とか、

「オーケストラをバックにするといい気持ち」というものが多く、父兄達の話にも

「今まで以上に、レッスンに精を出している」という感謝の気持が伺えた。

七月のコンサートでは、下は三歳の幼児から、上は音大生・レスナーまで三十名の人たちが、東京交響楽団と協演したが、レッスンの度合に応じて曲の選択、演奏の工夫がこらされ、楽しい会になっていた。

また、会の中間にナマのオケではなく、フィルムに撮ったオケと協演するという試みもなされ、ナマとは異なった味わいがあった。

来年一月には、同じような催しが予定されており、また、ピアノ・レッスンの一助ともなることのテープの存在も興味深いものがある》

この催しは、主催者側には何かと準備が大変なのだが、まさに名実ともに〝夢のコンチェルト〟で、やる度に大きな感動の湧く〝愛の泉〟だった。

また、彼は、ナマのオーケストラといつもできればいいが、経済的に大変なこと。だから、普段の発表会の時などは、バックスクリーンにオーケストラの映像を映し出すという音と映像の世界で臨場感をと。このことにも、妥協しないでしっかりやったので大変だった。でも、〝優しさを原点に〟の発想は、本当に喜ばれ、大人気だった。

日本の北と南で日が続いて、オーケストラの映像で発表会をやりたいという声があれば、徹夜で、映写機を車に積み移動していた。それでも戻ってきて、子どもが楽しんでいる姿を見ると疲れなんか一ぺんに吹っとんで、幸せ感じちゃうと言っていた。

ある時、コンサートのリハーサルが朝から東京であって、それに戻るには、前の日にあまりにも遠い九州の最南端での仕事だったので、徹夜で走ってきても無理と皆で判断していたが、なんと私たちより早く会場について電話中の人がいる。後ろ姿はたしかに彼なのだが、お化けじゃないかと皆で言ったくらい。電話中の肩をポンと叩いたら、ふりむいたのはお化けじゃなくて彼だった。そんなに大変な思いをしても、泣き言、愚痴一つ言わないどころか、ニコニコしている。

映像のオーケストラを使用しての舞台は、会場も暗くしてやるせいか、演奏していると宇宙に飛びこむというか、臨場感、一体感をとくに感じられる雰囲気がつくり出され、聴く世界をおのずと会得しやすくなるので、大好評だった。

この映像のオケにも、彼らしくでき得る限りの工夫をした。実際にオーケストラが各々の曲の演奏しているところを映像にするにあたり、始めに出演者が舞台の袖から出てきて、指揮者とともに挨拶ができるようにしたり、終わった時にオケの人たちも立ち上がったりと、細部に心を行き届かせた。

　そのことから、家庭内でもビデオでできたら、一体感を味わう練習ができると、ビデオにも取り組んだ。努力して良いところまで進んだが、資金難のため数曲できただけで、ビデオとして活躍するところまではいかなかった。

　幼な友達だった私たちが、しっかり再会して信念にかけたのは四十代に入ってからで、もとはと言えば、音楽教材マイナスワンテープ（第四章参照）から始まったことで、「夢のコンチェルト」もその教材の成果を問うイベント。だから、できるだけ楽しくリラックスして臨んで欲しいと願い、このコンサートの前に出演者への勇気づけと成功を祈って、風船を飛ばそうと彼が言いだした。

　それもコンサートの打ち合わせの帰り途、広い交差点を渡る所で、青い空を見上げて急に満面に笑みを浮かべながら。その後、風船の話に夢中になってしまって、信号が、何度も赤になったり、青になったりを繰り返していたのを、今でも覚えている。

「僕は風船が大好きで、幼い時母親に買ってもらった風船を手にした時、これをたくさん持ったら空に飛ぶだろう。飛んでみたいとずっと思っていた」

「えっ！　ほんとうに！　私もまったく同じこと思っていた。でも、コンサートの時、実行するとしたら、会場に許可願いを出さないといけないと思うけど、皆が夢一杯になるように、飛ばせるといいわね。それこそ夢のコンチェルトよね。そういえば、フランス映画で私たちが高校生の頃に、カンヌ映画祭で短編グランプリを受賞した〝赤い風船〟観た？」

「もちろん観たよ。何度も観たよ。〝素晴らしき風船旅行〟も。〝赤い風船〟は夢に見るほど観たよ。とくに、この映画は僕にとって、本当に想い出深い作品なんだ。あの主人公の少年が風船を信じられる気持、よく分かるよ。本当に僕も飛びたいと思った」

「風船に人格を持たせて、最後に出てくるキャスト一覧にも『Balloon』と書いている気持わかるし、赤い風船がいじめっ子たちに割られてしまった時、パリ中の風船が子どもたちや、風船売りの手から離れて少年の許に飛んできて、大きな大きなソフトクリームみたいというか、音のアンサンブルのようになって少年を乗せて、青空高く舞い上がっていく。私も何度もくり返し観た素晴らしい映画だったわ」

続けて彼も、感銘を受けた気持を興奮して話していた。

一九九二年十一月二十五日朝、海上保安庁の捜索機が、宮城県金華山沖八百キロの海上で、彼の乗った風船ファンタジー号を撮った写真は、〝赤い風船〟の少年と同じだった。少年が、風船とともに青空高く舞い上がっていく映画のラストシーンと全く同じ。涙とともに参ったと思った。

〝降参！〟

たくさんの風船とともに、まるで音のアンサンブル！　映画の中の意志を持つ不思議な赤い風船は、少年だけを慕ってついてきたり、守ったり、いじめっこたちをやっつけたりする。それは、少年がそこまで風船を信じたから、生まれる現象だと思う。

あの少年と同じように、彼は風船を信じていたし、風船もそれに必ず応えてくれると、私には思えてならない。

なぜ、風船が信じられるのかと必ず聞かれる。

彼にとって、風船は魂であり、音であり、愛であり、夢であったのだと思えるから。

――私たちはゆっくり歩くまさに同志　夢のコンチェルト大きな夢に――

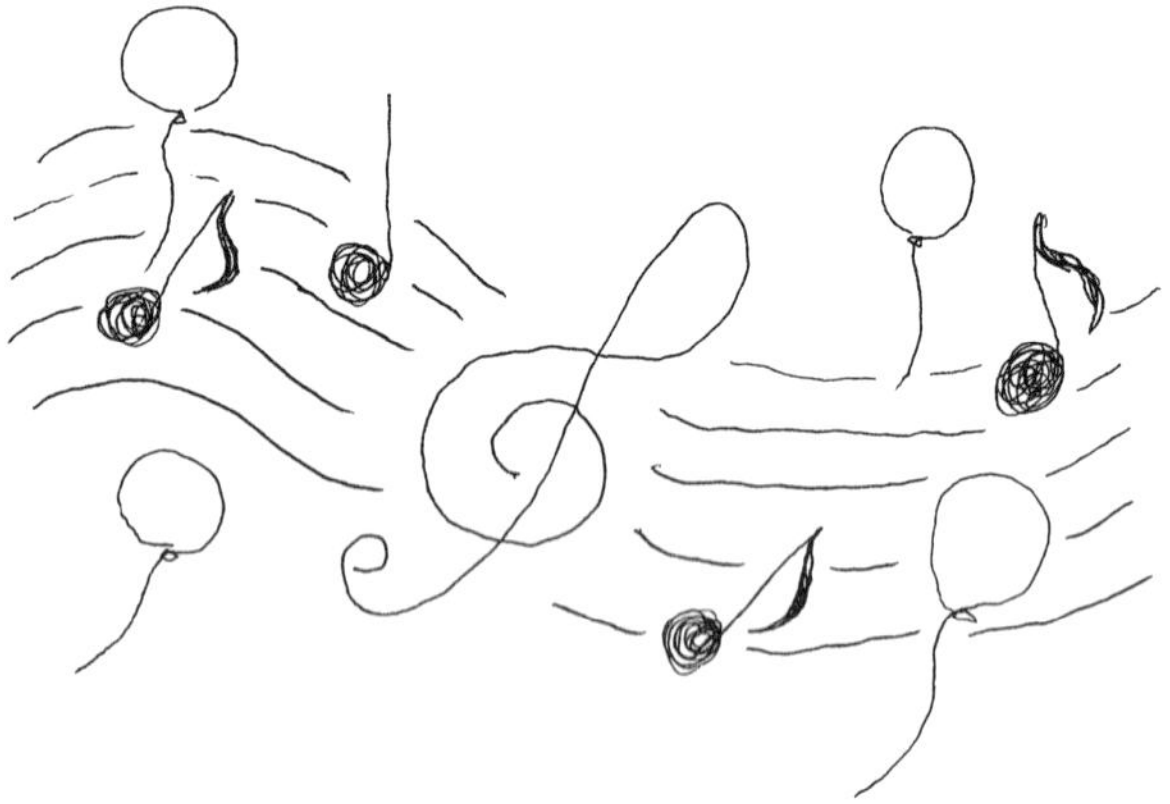

宇宙と子どもたち

一九八九年三月二十五日〜十月一日。横浜市の未来都市計画〝みなとみらい21〟への橋渡しとして、この年の地方博覧会で最大、首都圏で初めての都市型博覧会でもある横浜博覧会が、行われた。

彼の何事にも頑張るところを見込まれて、博覧会場での出店を頼まれた。頼まれた方が郷土料理の経営者だったので、飲食店として出店することになった。横浜市の市政百周年、開港百三十周年を記念しての行事であり、何よりも〝宇宙と子どもたち〟というテーマが、彼のやる気をさそったのだった。

ところが出店した場所が、交通規制等で人が集まりにくい場所であった。お役所仕事の固さが災いして、博覧会の期間は決まっているのに対応が遅かった。博覧会と銘打った以上、広い地域の人に広く物を見せなければならないのに、しかも十月一日に終わってしまうというのに八月末まで不振をきわめていた。子ども好きの彼が最も心ひかれたテーマ〝宇宙と子どもたち〟がこれでいいはずはない。

また、彼自身夢にかけたことをマイナスにしてはいけないというあせりがあって、人集めのためにまたまた彼らしさを発揮し、身を投げ出した。こうと決めたら、黙々と決行し始める。

横浜万国博のマスコット〝ブルアちゃん〟（手塚治虫さんが生みの親で天使のキャラクター）、そのブルアちゃんの等身大のぬいぐるみを自費で作り、撮影会、サイン会をして、パンフレットも作った。ぬいぐるみの中に自分が入って、子どもたちと遊び、一緒に写真を撮った。ブルアちゃんのぬいぐるみを着た写真に、子どもたちの名前をひとりひとり聞いて、サインしてあげていた。サイン会では、子どもだけでなく、大人も並んで、長い行列ができていた。ぬいぐるみを着て、小さな穴から見る目で真剣にサインしている姿は忘れられない。あの夏はとくに暑く、湿度も高く、でも一日も欠かさずやっていたので、はたから見ていても、脱水症状を起こしているのではないかと思えるほど肉体的にハードだったと思う。

そんな大変さを思って、子どもたちはもちろん年齢に関係なく、いろいろな方から、彼はたくさんの励ましのお手紙をいただいた。それを見せてくれる時の、ほんとうに嬉しそうな顔。

とくに印象的だったのは、ある一人の小さな女の子から、彼が小さな賞状を受け取ったことだった。それは、その女の子が作ったブルアちゃんへの可愛い感謝状で、そこには、

　　　しょう
　　ブルアちゃん
あなたは、よこはまはくらん会で
　　すごい人気です。
なので、ここにひょうしょうします。
　平成元年

7月 12日　もろほし りょうこより

これを見て、彼は涙を流して喜んだ。

「これでいいんだ。この夏の僕の苦労は、これですっ飛ぶんだ」と。

それはそれは可愛い賞状だった。

また、はらはらするようなこともやった。終わりの期間は迫ってきているのに、協会には柔軟な対応がなかった。他の業者の人たちが抱いている不満も、わが事のように思う彼は、やむにやまれぬ気持になっていたのだと思う。

七月三十日早朝に、高さ三十メートルもある鉄塔の上によじ上った。ブルアちゃんのぬいぐるみを着て、業務用駐車場を一般開放してと訴えるたれ幕を下げ、大騒ぎになった。

世間では、横浜博覧会は今年の不振の一つといわれたほど。それまでも彼は、さまざまな独自のイベントを計画し、危険だからと許可が下りなければ、どうしたらできるかを考え、協会側に交渉していたという。彼が一番やりたかったことは、風船の〝空中散歩〟。これは、直径二、三メートルはある大きな赤い風船も含めて、色とりどりのヘリウム風船によって、地上二十メートルの高さくらいまで上げて、宇宙遊泳を、というもの。

十月一日に博覧会が終わるのに、許可が下りるまで三か月かかり、ようやく許可が下りた時は、開催期間は残り一か月を残すだけとなっていた。しかも、風の強い日は避けなければならないから、これを実現できる日は限られてくる。それでも、他にはないことだから、絶対に皆に体験させてあげたいと、彼は、実行に踏み切った。

博覧会は、八月末まで不振で、最終の九月になって、入場者が殺到したと新聞などに書かれていた。私も、期間中、母や誰かと一緒に、また、数人で何回か行った。始めのころ、彼に呼ばれて一人で行ったのだが、雨降りの日で、終わりの時間ということもあり、本来一人ではダメなはずの、あの巨大なゴンドラに一人で乗るという、すごい贅沢を味わえたが、また、いろいろ杞憂を感じずにはいられなかったのを覚えている。だから、最終月の九月の混雑ぶりには、驚くと同時に、なぜ、たくさん良いものがあるのに、柔軟な姿勢が早くとれなかったのだろうかと思った。決め事の中で起きる難しさもわかるだけに、つくづく考えさせられた。

彼は、九月一日から十月一日までの一か月間、やっと許可の下りた風船の〝空中散歩〟を、風の強い日以外はやりぬき通した。合計二千五百人くらいの人たちが楽しんでくれたようだ。二歳の赤ちゃんから八十歳の高齢の方まで。毎日何時間待ちの行列ができ、この風船での宇宙遊泳を体験された人は、その気持良さに、さらに何度も来るというほど大人気だった。

私も長い行列に並んで、この風船に乗せてもらった。下は、広い分厚いマットが敷かれている。登山用のハーネスと呼ばれる椅子の上にいくつもの大きな風船をつけて、彼も含めてボランティアの人がロープをゆるめるとスルスルと上がる。快晴だったこともラッキーで、海や遠くの山々、景色が見えて、もう、最高！　私はしっかり飛んでいた。たとえようのない気持よさ、素晴らしい解放感、宙を漂っていると、まさに自分が音そのものになってしまったような感覚、このままずっと漂っていたいと心から思った。高所恐怖症の私なのに、下ろして欲しくないと強く思い、時が止まるのを願ったほど。この夢のひとときを体感した人たちは、もっと長く乗っていたい、フワーッとした感覚がたまらないという感想。できたら、危なくないように下で引っ張っているロープを、放してほしいという人たちまでいたという。貴重な体験をさせてもらった私には、この気持がわかりすぎるほどよくわかる。またまた大変な思いをして自費で機材を購入し、無料で始めた空中散歩は、それはそれは多くの人に夢を与えた。とくに子ども大好きの彼にとっては、体験した子どもたちの心の中に、この体感が目には見えない根になり、将来、芽が出て花が自分で咲かせられることを心から願っていた。

十月一日の閉幕を直前に控え、ブルアちゃんに親しんだ子どもたちから、宿題が出た。

「ブルアちゃんは、万博が終わったらどこへ行くの？ ブルアちゃんは天使だから天に帰るの？」

こういうことに、彼は真剣に悩む。悩んだ末、彼は自らが飛び、場外に飛んで行くと言い出したのだった。

ブルアは、天使だから天に帰る。それをしないと本当ではないからと。でも、場外に出るためには、紐を離さなければならない。もちろん危険も伴うし、周りの人に迷惑をかけるかもしれない。そういうことを考えていないようで、実は人一倍考える人。だから私は当日の様子を見て、彼がしっかり判断すると信じていた。

結局、最終日は風が強く、場外に飛んで行くことは、当然止めた。ブルアの服を着たまま、高く上っていた彼は下りてきて言った。

「実行したかったけど、皆に迷惑をかけてしまうから止めて正解だった」とちょっと残念そうに！

私は、心の中でホッとした。でも彼は、そこでは終わらない人、次に何か来る。そんな時のために、彼はもう一案用意していた。びっくりさせられることには、いつもおまけがつく。それは、最後のたった一か月の間に、子どもたちも含めてこれだけたくさんの人が来てくれたことへの感謝の気持を表したい。そして、ブルアが天に帰れないとうそになるから、たくさんの薔薇の花でまわりを飾って、みんなに薔薇の花を、愛を持って帰ってもらおうという案。

私に電話があったのは、前日の、それも日が暮れかかる頃だった。最終日には、必ず来て欲しいと言われていたので、その確かめの電話かと思っていたら……

「今から悪いんだけど、薔薇の花を千本、明日までにそろえてくれない？」

ホラ、また！　また、大無茶を言う。

「今からどうやってそんなことができるの？」と言うと、理由を話し、すぐに、

「だって君は薔薇が好きでしょ！　薔薇の花を、あんなにずっと愛してきたじゃない。そういう人には集められるんだよ」と言う。

確かに私は、物心ついた頃から薔薇の花が好きで、薔薇の精に守られていると勝手に思ってきた。そんな人間が、こういう時に薔薇が集められないようなら、もしかすると、薔薇の精に守られていないのかもしれない。もめていては、ますます時間はなくなるし、彼の言葉通り、どこかその気になって、実行に移すしかないと思い始めた。取りあえず、この夢をかなえてくれそうなお花屋さんを探さなければと、勘を頼りに必死で電話をかけまくった。

案の定、どこも今からでは間に合わないとの返事。そして、夜も八時過ぎ、お店はもうどこも閉まる時刻に遂に見つかった。

銀座にある一軒のお花屋さんが、明日、千本の薔薇の花を届けてくれるという。

「ヤッター！　ヤッター！　もう！　フー！」

という感じだった。最後の選択は、同姓に賭けた。そのお店の名は「鈴木フローリスト。」彼の名

字の鈴木は非常に多いが、銀座のヤマハに勤めていたこともあって、彼は銀座の街がとても好きなので、最後に銀座でと絞ったのが、功を奏した感じで決着がついた。必死な末の選択だったが、ここでまたしても、奇妙に、縁について深く感じ入ってしまう。鈴木フローリストさんには、今でも感謝している。本当にありがたかった。すぐに彼に報告した。なんと、第一声、

「でしょ！　でも、本当にありがとう！」

翌日、千本の薔薇の花は、見事に風船で空中散歩を行った場所をかこむように飾られた。快晴にも恵まれ、薔薇の花たちも輝いて見えた。そして、彼は、そこにならんだ多勢のお客様に、一本一本薔薇の花を、ブルアちゃんの服を着たまま手渡していた。

そこへＮＨＫからの電話インタビューが入り、精一杯〝夢〟にかけた人間の充実感を語っている姿が、本当に印象的だった。最後の一人に薔薇の花を渡した後、先ほど、フィナーレでブルアが風船で飛んだ場所に、ブルアの服を着たままでドーンと大の字になり、タバコをおいしそうに吸っていた彼。私は離れた所にいたのに、なぜか、たばこの煙が目にしみた。

その後、万博の協会の方が、このように書いて下さった。

《宇宙遊泳は、本当にこれは子どもたちばかりでなく、親御さんたち、大人も心から喜びました。昔、〝赤い風船〟というフランス映画がありました。ラストシーンで、赤い風船が、青空を背負って飛び去る印象的な所がありました。

あの、素晴らしい想い出を、彼は毎日、子どもたちにプレゼントしてくれました。

あの子どもたちも、何十年か後に子どもをつれて、横浜のこの地に来た時、きっと遠いなつかしい想い出を聞かせてくれることでしょう。大空に解放された風船を引き戻しながら、子どもや大

人の体に、ハーネスを着ける役目は、誠に、労力を要求する作業ですが、これは、彼を意気に感じた隣組の店の人たちが、交替でやっていました。

また、今年の夏は、とくに暑かったのに、一日もかかさず、ぬいぐるみを着て、子どもたちにサービスをしている姿には、誠に頭の下がる献身的な行為として、全職員が敬服、称賛をしています。

しかし、鈴木さんの心の中には、子どもの心が宿っている所以か、時折、はらはらさせられました。

でも、本当に子どもたちを、楽しませてくれました》

また、この男の方とは、縁あって、私がすごく喜ぶ名前の人がいるからと、彼から前に紹介されていた。何と、お名前が〝薔薇〟(そうび)とお読みする。このステキなお名前を聞かされた時、思わず、自分の名前を改名しようかと思ってしまったほど。

薔薇さんのお話の中にフランス映画〝赤い風船〟そして、あのラストシーンのお話が出てきたのは、本当に感激だった。

すべてを、夢に賭けてしまう彼だけに、薔薇さんのメッセージは、本当に嬉しかったと思う。

そして、結果は、適した場所がなく中止になったが、〝空中散歩〟は、横浜万博の評判を聞いて、後にあった〝大阪・国際花と緑の博覧会〟の方からもお話があり、現地にも、場所を見に行った。実現しなかったが、〝夢〟を感じてもらえたことで、赤い風船も、彼の信頼に精一杯応えたのだと思える。

彼がやったことを、自己満足という人もいるかもしれない。が、自己満足だけでは、あれほど命がけのことはできないだろう。一歩間違えば、自分が倒れてしまう。そこまでやってしまう人。それは、高校生の時に、私が見ていた彼の姿とまったく同じといっていい。

捨て身の努力を精一杯してしまう。

ピエロが好きで、

「みんなのピエロになるんだ！　なりたいんだ！」とよく言っていた彼。

——音楽も風船も愛見えない音　見える風船愛が調和する——

空中散歩

彼にとって、風船は音楽なのだ。

自分のできることで、障害者のお役に立ちたいと、彼はいつも思っていた。私財を投じて、音楽教材を作ったのもその目的のひとつであった。

重度の障害児にピアノを教え、ピアノに触れることで、心と身体の機能の一部でも回復させることができないかと考えていた。

専門は、ピアノの調律師である彼は、ピアノがおいてある障害者の施設にも調律に行っていた。その時々に体験したことを、よく私に話してくれた。

何でも、自分の身におきかえて感じてしまう彼は、その時に受けたショックは大きく、心痛めていた。そして何とか自分の力で役に立つことができないか、必死に考えていたようだ。

心、身体のケアについて、やる氣を起こさせられることとは何かを真剣に考え、実現していった。ピアノ練習用のマイナスワンテープを作り、練習がリハビリとなるように。そして、その延長である〝夢のコンチェルト〟のイベントに参加して、オーケストラとの協演で楽しみながらリハビリを、と実行していった。

風船においても、横浜博覧会で夢を実現した。年齢に関係なく、大勢の人が喜んでくれた。夢を見てもらった。あんなに気持の良い体験ができれば、必ずや障害者にやる氣を起こしてもらえる。リハビリも楽しくできる。エネルギーが湧くはずと、目を輝かして話していた。ドームのような所で、自転車に風船をつけ、映画「E．T．」のように飛ぶことができないだろうかと、実際に、家のそばにある自転車屋さんにも相談に行っていた。できたら、音楽とともに飛んでいく。今までになかったことだから、きっと夢を見てもらえると一生懸命だった。

健康そうでも心の病んでいる人、病むところまでいってなくても、やる氣を喪失している大人、そして、何といっても子どもたちのために、音楽教材のマイナスワンテープはもちろんのこと、風船の安全性がわかってもらえれば、遊園地の乗り物などにも利用できるし、活用法はいろいろ広がると夢をふくらませていた。「こうしたら、きっと〝やる氣〟が起きると思う！」と、次々と泉が湧き出るように語っている時の彼は輝いていた。よくそこまで発想豊かに出てくるものと、聞き入ってしまう。しかも、本当にできると思えてくる。また、無類の子ども好きの彼は、子どもの気持もよくわかるだけに、いじめ、登校拒否、自閉症等で相談を受けると、自分のこととして受止め、真剣にとりくみ、〝やる氣〟を持てるよう、〝良い気〟に変わるようにと努力していた。その集中力は、側にいて、余計なものをよせつけない怖ささえ感じたほどで、それほどに真剣にならなければ、深く傷ついた心は〝やる氣〟を起こすに至らないだろうと、無私の精神を教えてくれた。

外側に受けた傷と違って、心に受けた傷は、癒されるのに大変な時間がかかる。それでも後遺症が残るほど。だから、全身全霊をかけようとしている彼には、頭の下がる思いだった。

また、お年寄りも、夢をたくさん持って欲しいし、自信を失くして落ちこんでいる人に、元気と自信を与えたい。それには自分が命をかけて体験しなければと一生懸命だった。自分が風船に乗って、どこまで行けるか挑戦してみたい。幼い時からの夢である風船を信じて、試して、そこでどう適切に役立てるか体験したい。

彼の心の中で、風船に対する夢がどんどんふくらんで、府中市の多摩川べりから千葉県九十九里浜をめざして飛ぶことを、実行に移すまでにつき進んでいった。この時も、「何もいわないでやらせてね。ちゃんと許可もとるから」と言う。

一九九二年四月十七日に実行したのだが、その前夜、「頼んだ通り、何も言わないでやらせてくれてありがとう」。言葉が出なかった。

風船を作ってくれた会社や、ヘリウムガスの会社の人たちの協力を得て、相談に行ったり、とるべき許可をとることに努力している様子は、何となく話してくれてはいた。事実、最終的に許可願いを出しに行く時、その場所までは、安心させるために私を連れていった。

当日、私は、横浜博覧会の最終日の時のように、「見に来てね」の言葉に、多摩川河川敷に複雑な思いで立った。

準備ができて、実行の段階になった時、風船の一つがおかしくなった。その時は、風船の数が少なかったのでますます不安になった。

「あっ!」と思う間に、高く上り、まっ青な空に点になって、音になって、どんどん、どんどん高くなって!　もう、どうするの!　何も考えられない!　体の中をかけめぐる不安と焦燥!　テレビ局が電話を持たせてくれるから心配ないと言っていたのに、結局、実行してくれなかったようで。

報道ヘリコプターは飛んでいたけど、それ以上に、高く高く上がってしまったので、車で追ってくれる人もいたのだが、こうなってしまっては、それも難しい。何だかよくわからないけど、私は、家に帰って彼の連絡を待たなければ。その思いだけが、体の中をぐるぐるまわっていた。皆の連絡を待つためにも、家に帰らなければ。歩いていても歩いていない。それこそ宙に浮いていたのかもしれない。あの時、どこをどうやって帰ってきたかわからないし、記憶がない。

体の中を相変わらず、「何で？　何で？」という思いがぐるぐるまわり、止めなかった自分を責めたてた。あんなに高い空に、飛んで行った人との連絡場所が家だなんて！　でも、心の連絡に高いも低いもないのよねとか、まったくわけのわからない思いが、堂々巡りしていた。顔面蒼白、夢遊病状態だったのではないかと後で思った。

やっと家に着いたとたん、電話が鳴った。こんな思いをするのは、もういや！　とふるえる手で受話器をとると、受話器の向こうで、「ごめんなさい！」とすごく元気な声。「もう！」と言ったきり、先が続かない。心の中で、神様が守ってくれたのだわ、ただ、それだけを思い、へなへなと座りこんでしまった。

後から、わかったのだが、直径五メートルと、二・五メートルの風船計四個にヘリウムガスをつめ、宙に浮かんだ。そこまではよかったが、ロープにつるしたおもりの砂袋ふたつが、川面に触れたのは誤算だった。砂は水を吸って重くなり、袋を破って落ちた（私が見ていた時、少ない風船の一つがおかしかったので、それもあったと思う）。

おもりを失った風船は急上昇！　上空を飛んでいた報道ヘリコプターを、またたくまに見下ろし、富士山が眼下に小さく見えた。旅客機がはるか下を飛んでいた。雲一つない青空だったこともあって、東京のすべてが見渡せた。

さすがにその瞬間、「えらいことになった!」と思ったそうだ。身につけた高度計は五千六百メートルを示していて、予定の高度は二百メートルだったのにどうしよう。地上は大騒ぎになっているに違いない。

「でも、ここは何て美しいんだろう!」この美しさを君に味わわせたいと瞬間思ったと後で言われて、私は、言葉につまってしまった。

空はどこまでも青く透きとおっていて、青空の絵の具を水にといたようで、風の音はしない。風船は気流に乗り、風と一体になって動いていた。そこはものすごく静かで、あの境地は、何とも表現しがたいほど素晴らしかったと。

安全性については自信があったけど、次の瞬間、とにかく下りなくてはと思った。バルブの金具が凍結して作動しないので、前夜、買った百円ライターでロープを焼き、風船一つを切り離した(この時の百円ライターは、今でも大切にとってある)。風船は、少しずつ下がり始め、だんだん加速がついて民家が迫ってくる。少しでも迷惑が、かからないように下りなければと、祈る気持で、できる限り危険なものは避けながら下りた(結局、ご迷惑をかけてしまうのだが……)。

ある民家の二階の屋根にひっかかり、宙づりになった彼と、お隣の二階のトイレにいた方と目が合い、驚くその方に、「すみませんが、ハサミを貸してくれませんか?」と言ったそうで。

その方にしてみれば、空から人が降ってきたのだから、どんなにびっくりなさったことか! 風船とともに落ちたのは離陸地点から四十分後で、二十四キロ離れた大田区大森。本人は指にほんのわずかのかすり傷ですんだが、でも、周囲にはご迷惑をかけ、蒲田署で事情を聞かれ、騒ぎは報道された。

元気な声で「ごめんなさい」と電話をかけてきたのは、蒲田署からだった。

あまりにも元気な声で、怒られたとは思えない感じだったというと、

「まず、一番心配している人に電話したら！」といわれてかけたという。皆、暖い人だったとありがたそうに話していた。指のかすり傷は、言われなければわからないくらいだった。戻ってきた時は、車から下りるなり、いきなり抱きついてきて、

「心配かけて、ごめんなさい！」


――強運の持ち主の夢果てしなく　広がる恐れに心がすくむ――

環境保護

日頃から彼は、人間の心の破壊も自然の破壊も進み、地球が病んでいることを真剣に悩んでいた。一番火の車なのは彼自身なのだが、それでも世の中全体を想う彼だった。

みんな緑の大地と豊かな平和を望んで、頑張っている。だから、同時代を生きている地球人に、風船野郎が長年の夢である大冒険を通して、希望と勇気のメッセージを送る。微力な自分に、できることをする。

〝風船一人旅、世界初、最大パフォーマンス、

素晴らしい風船旅行、五〇時間で、太平洋横断する〟

と、書いた手紙をみせられた時、まだ、あきらめていないのだと、また、言葉が出なかった。こうと決めたら突き進む性格、本当に優しい人だが、命をかえりみない初志貫徹の人。これを見た時も、私は心の中でいろいろ感じすぎて、すぐさま言葉にできないでいた。

そういう時、必ずする顔。真剣な顔をして、眉間のところに、これ以上よらないほどのしわをよせて、

「もうしないから、これで最後だから、僕のやりたいことを黙ってさせて、お願い！」

また、言っている。

「志は高いけど、そんなに神様、何度も守ってくれないわよ」

この頼みと私の心配の会話は、それから何度も続いた。でも、私の心配をよそに、計画は着々と練られていった。まず、四月に風船に乗って、高度二百メートルの空の散歩を実行しようとした。それが、ちょっとしたトラブルからおもりが外れて、一挙に五千六百メートルまで上昇した。それでも無事だったことが報道されたとたん、いろいろなところから熱いお便りが届いた。

その中に、大学教授とその研究室の学生さんからのお便りがあった。

《報道で、貴殿の風船による快挙を知り、私のところで、目下計画中の事と関係し、お教え願いたく、お便りする次第です。》

教授が中国と米国とブラジルの鳴き砂調査に出かけられ、米国の自然保護の姿勢に、あまりにも目にあまるものがあった。なんとかしなければという気持から、風船を米国に飛ばして環境保護を訴えようとされているという。

彼にお便り下さるのに、住所がわからなくて、四月の風船飛行でお世話になった蒲田警察に問い合わせされ、やっとわかったとのこと。じきに、ご連絡を受けて、彼はお会いすることになった。

教授に、鳴き砂のことをくわしく伺って、すっかり意気投合！

鳴き砂の音が〝楽音〟であり、歌う砂丘、奏でる砂丘の保護に役に立てることに、彼の夢は大きくふくらみ、この時点で、彼の中では、夢は実現へと確実なものにつながったようだ。

〝空を飛ぶ夢〟が、この時を機に不動になってしまったのだ。

それによると、サンドマウンテンという、鳴き砂があるネバダ州リノへ行く。鳴き砂保護のメッセージを、現地の人やマスコミ等に手渡し、理解を求める。

サンドマウンテンは、高さ一八メートル、この地域にすむインディアンは、〝祈りの山〟として、神聖視していた。鳴き砂の音は、魂の声とも言われる。

教授が、この年の春に現地調査したところ、車などに荒され、早急な対応が必要な状況と判断した。米国では、鳴き砂への関心が薄く、保護態勢も充分でない。今なら、鳴き砂の音を取り戻せる。このような自然の大切さを、米国の人に理解してもらいたい。

お話すればするほど、教授の思いに共鳴したと熱っぽく話していた。そして六月一日、教授に大学での講演会を依頼された彼は、何とか私にわからせようと「一緒に来てよ」という。

またまた、複雑な思いでついていく。

「心配させるようなことはしない。これからやろうとしていることも、今までやってきたことも根はひとつ。だから、そこへ結びつけたい。そのためのことだから、今度だけは黙ってみてて！　これが最後。これが済んだら、音楽に邁進する。僕が、何て言ったって一番やりたいのは、音楽なんだから。音楽あってのすべてなんだから、必ずそこにいくから」

私たちは、彼が大学で頼まれた講演会の四日前に入籍した。記念すべき時に、私に、もう一度言っておこうと思ったのだろう。

音楽することも、風船で飛ぶことも、人に夢を与えるということで共通しているし、根はひとつなのだと、私は共感しているし理解もしている。

横浜万博で、幼児からお年寄り、体の不自由な人たちが風船に乗り、皆の喜ぶ姿を見て、彼の夢は一段と大きくふくらんだに違いない。

しかし正直なところ、その計画を聞かされた時、私は本当に実現するところまではいかないと思っていた。口を開けば、「大丈夫なの？」と言っていた。それでも、短い間に準備はどんどん進んでいく。見えない力に動かされ、流されていくように。

同志社大学での講演会には、私は、半信半疑のまま同行したのだった。しかしそこで、校内に貼られた彼の講演会のお知らせの大きな立看板を見た。いくつも見た。新聞社から取材に来ており、十月に、（決行したのは十一月）ジェット気流に乗って、米国まで風船旅行すると言い、教授の依頼で鳴き砂保護を訴えるメッセージも持参すると言ってしまったのだ。四月十七日、高い空から舞い降りてきて、わずか一か月半後の出来事。嵐のようだった。

講演の案内も、

「ジェット気流に乗って、アメリカ大陸へ」

話題の風船男に聞く

題目　死線を越えて夢を追う

講師　鈴木　嘉和氏

皆の前で話す彼の姿と、大学での様子などを見て、「あっ、これ本当に実行するんだ」と、その時、初めて実感した。

講演会が終わった後、食事会の席で、この計画についてどう思うかと、私の意見を求められた。私にとっては、この日、実行することを思い知らされた感じでいたので、つらい質問でもあり、何をどう言っていいのかわからないくらい感情がゆれ動いていた。

「本人が、しっかり考えることだと思いますから」というようなことを言ったと思う。

どんなことでも、私はその人の感性を大切にしたいと思っている。こちらが言うことで、その人の何かが違っていってはいけないという気持が強い。とは言っても命に関係することはつらい。迷っている時ならまだしも、本人が決めてしまったことは、それまでの本人の生き方からみて、悪いことでない限り阻止することはできない。可能性を追求することが夢だと思うから、信じる以外にない。こう思うのは、自分が人に影響されやすいからだと思う。

彼にとっても、私の影響力が大きいことはわかっていた。だからこそ、止めるのは私しかいないとも言われた。もちろん、まったく止めないなんていうことはあり得るはずもなく、信じると言いながらも、態度には充分に出すぎるほど出し続けていたし、言葉にも出し続けた。この講演会に取材に来ていた毎日新聞には、三日後にこう書かれていた。

《生身の人間が、高度一万メートルもの成層圏を長時間飛行するのは世界でも初めてで、学者も、「周到な準備をすれば、可能性はある」と話している。

「戦時中の風船爆弾でも米国へ到達したのだし、目標が多少ずれることがあっても、太平洋を渡ることはできるだろう。生理学的な点は別にして低い気圧と温度、長時間飛行という三つの問題をクリアすれば、ナンセンスとは思えない」

「酸素が希薄になり、脳に酸素がいかなければ、すぐ脳がだめになるので、酸素の確保が一番の問題。ジェット気流に乗ってしまえば、風がないのと同じ状態になるので、気温が低くても、防寒服のようなものがあれば大丈夫だろう。いずれにしろ酸素と保温性をしっかりすれば、不可能ではないはず。」》

この後、六月二十五日にまた講演するという。教授は、米国ネバダ州リノのサンドマウンテンの鳴き砂と島根県琴ケ浜の鳴き砂が、同じであることを発見した。今度は、その琴ケ浜のある島根県仁摩町役場において、教授のすすめで彼が講演することになり、教授とともに出かけた。琴ケ浜の民宿に教授と一緒に泊り、そこでも、フランス映画の「赤い風船」のビデオ持参で行って、皆で見たという。

「とても、いい所だよ。今度、一緒に来ようね」と、感嘆して電話してきた。

帰ってきて、仁摩サンドミュージアムの広場を出発点とするのだといい、サンドミュージアムとの出会いは、音楽との関連があってとてもうれしい。この奇遇が、冒険をきっと良い方向に向かわせてくれると、私の心配を振り払うかのように本当に嬉しそうに話していた。

仁摩サンドミュージアムとは、砂の博物館で、仁摩町は、全国でも数少なくなった鳴き砂の浜、琴ケ浜の保全を通して、環境保護を訴えており、サンドミュージアムはそのシンボル。彼は、ミュージカルサンド、シンギングサンドなどと呼ばれている鳴き砂の音に魅せられ、無限のロマンを感じる砂時計に魅せられた（サンドミュージアムには鳴き砂を使った砂時計があり教授はその監修にあたられた）。そして、地球と宇宙はすべてがひとつであるということを伝えていることに、深い共感を持ったという。未来の世代に自然の芸術を響かせ続けたい。

サンドミュージアムの偉容に、すっかり魅せられた彼は、いてもたってもいられなくなった感想を、私に一生懸命話してくれた。琴ケ浜での大自然の音楽〝鳴き砂〟を聴き、そして、環境アーティストと呼ばれる米国の画家シム・シメールの作品展示を通して地球が助けを求めている様子を観、すべてはひとつといつも思っている彼の心に、さらにさらに決意が固くなっているのを感じた。

教授も予想通りの進展にわくわくなさり、アメリカへも度々連絡されていると聞いた。彼はその後、運輸省に、気象庁に、宇宙技術研究所に行く。大きな冷蔵庫に入って、防寒服を着て試すなど、次々に実行していった。

「ちゃんとやるから、心配しないで！」と言い、そのうちにアメリカに許可を取りに行ってくると言い出す。自分で行かないと駄目なので、と。

七月二十七日に、ニューヨークに出かけて言った。行ける状態でなくとも、これをしなければ冒険が実行できないからと言い切って。

私は、冒険することに許可がいるのかしらという疑問と同時に、許可をもらうことに忠実に必死になっている彼が、誠意を尽くしてやって、許可が下りなければ、実行しないでくれる、と……複雑な思いで、ただただ良い方向に行ってくれるようにと、祈るばかりだった。

初めてのニューヨークに着いたとたん、空港からの電話で、

「来ちゃったよ、とうとう来ちゃったよ」と叫んでいる。次に何をいうかと思えば、

「みんな、英語だよ！」の声に、思わず吹き出してしまった。某会社が、弁護士、通訳等、現地のお世話をして下さったそうで、その後の電話はかかる度に感激の連続を伝えてきた。

その時、大変な思いをしながらアメリカに出かけて行ったのを見ている私は、後でアメリカに行っていないように書かれた記事を見て、その時のことを一番わかっている方に書いておいていただきたいと思った。

彼が本当に良い方だと話していた女性の通訳の方にお願いしたところ、快諾され、後に次のような文が送られてきた。

《ワシントンで、鈴木さんと弁護士事務所の助手の人と一緒に、ＦＡＡに行った時のことを、少し整理して書いてみます。

米国の連邦航空局（ＦＡＡ）から、飛行許可と着陸許可をもらうということで、出かけて、操業部門のマネージャーと、もう一人の男性に会いました。

この時のＦＡＡの見解としては、ヘリウム風船に、とくにライセンスは必要なく、国際標準装備であれば問題ないとの意見でした。

一点、問題となったのは、米国の規制航空内では、英語を使って航空規制官との交信を行う必要があるが、これは、空港から遠いところに着陸するのならば問題ないとのことでした。

但し、国際規約では、パイロットの英語による交信は、要件であるとのことだったのです。

こうした状況から、当初の予定のサンドバレー着陸を諦め、オレゴン州あたりの規制外の地域に着陸すれば問題ないとの非公式な了解が、この会見の中であったと通訳の私は理解しました。

米国の政府役人の人たちは、冒険に対して寛大な気持で理解を示され、これが、鈴木さんを非常に喜ばせたようでした。

「大変そうだけど、やってみれば」

という冒険への理解が感じられました。

これまで、鈴木さんが接してこられた、日本の政府役人の人々の対応とは違っていたので、鈴木さんも感激しておられました。もちろん、政府役人としての立場では、英語が話せなくてはならないという条件を変更することはできないが、個人的には風船旅行を支持するといった雰囲気でした。

弁護士事務所に戻って、日本の運輸省から、出されている飛行のための装備条件を翻訳して、一応、米国政府に提出し、FAAからの手紙をもらったわけです。

その後十一月に入って、FAAにもう一度許可をもらうようにとの国際電話が、鈴木さんからあったわけですが、最後にFAAの担当官と話したところでは、国際規約に則っていれば、特別の許可書が必要なわけではないとのことでした。

ですからこの点の解釈如何によって、鈴木さんが米国の許可を得ていなかったかどうか、疑問が分かれると思います。

いずれにせよ、私が七月にお会いした時点では、鈴木さんはFAAの訪問後、スミソニアン博物館の宇宙航空館で一日過されて、熱気球の映画を見たり、またモールの広さに感激しておられました。

太平洋横断に成功したら、ワシントンのモールで風船を飛ばしたいと語っておられたことを、今もはっきり覚えております。風船の安全性を立証するために太平洋横断を、とおっしゃっていたことが思い出されます。

私は、名誉や栄光のためでなく、もっと純粋な気持で、風船旅行を計画していらした気持に打たれました。

人生は、いつも一期一会と思っておりますので、素晴らしい人間に会った時は、その時に私のできる精一杯のことをと思い、こちらにいらしているわずかな期間に、二度、夕食を御一緒致しました。》

と真に誠意あふれるお手紙を頂戴することができた。

期待する結果が得られなかった時、良い心根までもぎとってしまわれるのは、悲しいことなので、今になって、私にわかるように書いておいていただいたことを、とてもありがたく思っている。許可が下りたからといって命が保証されるわけではないが、ちゃんと段階を踏んで行かなければと思って実行していた彼。それを私に見せて、安心させようとしていた。自分がやらねばということに対しては、どんなに大変な思いをしても、やる人だということは十二分にわかっているのだが……

アメリカからの私への電話は、まさに感動の旅を伝えていた。とくに許可については、やっかいなどころか、むしろ歓待といったムードで、当地の冒険に対する寛大さは彼を手放しに喜ばせた。日本に帰ってきてからも、彼が喜んでいる姿を見て、ああ、この人は本当にやろうとしている、それでも半信半疑という気持が、私の中にはあった。わかりたいと思いながらも、実際には繰り返し止めていた。だが、事態は速く動いていった。彼は、具体的なことは一切言わなくなっていった。心配させたくない一心からだと思う。

「このことだけは許してほしい」という意味のことしか言わない。

当初、計画を実行するのは、九月の予定のように話していたが、十月、十一月と延びていく。私は、彼の計画を、誰にも反対する権利はないと考える反面、どこかで違う流れになってくれることを切実に願っていた。

ことは命に関わる。だからこそ複雑な気持で、良い方向へ向かうよう祈るしかないと思う。同時に、本当に本人が危険を感じたら、やめるはずだという確信も私にはあった。大自然の威力には謙虚でなければと思う一方で、彼の、行ったことのない所でも、地図を頼ることなく目的地に行ける直感力、不眠不休で長距離運転する時のすごい集中力、根性、危険な時のとっさの判断力、不屈の精神力を信じていた。

彼が、この冒険を発表してから、各新聞社、放送局からも取材が入った。その紙面、放送を通じて読んだこと、聞いたことの主な内容を記すと――

《島根県仁摩町と米国ネバダ州の「鳴き砂」保護を訴えるため、世界初の風船による太平洋横断に挑む。十一月十四日に、仁摩町にあるサンドミュージアム隣の広場を飛び立ち、ジェット気流に乗って、米国のサンフランシスコまで、約一万二千キロの風船独り旅。

風船につかまって、大空に舞い上り、風の吹くまま旅したい――。子どもの頃、だれもが空想して、忘れてしまった夢物語を、実現しようとしている人がいる。

目指すはアメリカ。成功すれば、有人風船による太平洋横断は、世界で初めてとなるが――。

「大丈夫ですよ。絶対成功させてみせる。なにしろ、子どもの頃からの夢ですから。それを、実現できるんだから」

高度一万二千メートルの成層圏まで上昇（後に、もう少し低い所にもジェット気流があることがわかったと言っていた。）時速二百五十キロのジェット気流に乗ると、約五十時間で、サンフランシスコに着く計算。（たくさんの風船は、見送って下さった方のお話によると、大きな体育館の屋根ぐらいあったといわれていた）。

出発地点の仁摩町は、「趣旨には賛成だが、安全性の確保には不安が残る」と戸惑いながらも、了解した。

反射板を積み込み、羽田、サンフランシスコの両管制塔のレーダーにキャッチさせる予定。

到着後、サンドマウンテンという鳴き砂があるネバダ州リノへ行き、教授からのメッセージを公園管理者ら現地の人やマスコミなどに手渡し、鳴き砂保護への理解を求める。

このメッセージには、島根県邇摩郡仁摩町にある琴ケ浜や、京都府竹野郡網野町の琴引浜など、日本の鳴き砂の説明や、現状、環境保護なども英文で書かれている。

地球の、環境破壊を危ぐした教授は、保護を訴えるメッセージを付けた風船を米国に飛ばすことを検討していたが、鈴木さんは、教授の考えに賛同。

「是非、お役に立ちたい」と快諾した。

（彼には、地球の、「助けて！」という声が聴こえていたのだと思う。）

教授は、数年内に、さらに紙風船で鳴き砂保護を訴える一万枚のメッセージを、米国へ向け、飛ばす準備に着手している。》

本人の言葉として載っていたり、話していたことをひろってみる。

《気球は一個だから、壊れたら後がないが、風船は数が多いので大丈夫！

それに、ビニール風船を信じてる。

その大きなビニール風船二十六個は、丁度二十五メートルのプールくらいの大きさで、それが上に上がります。一つに何かあっても、後二十五個ある！

自分の夢を、自然保護に役立てたい。そして、風船の安全性を立証したい。後で、やりたいことがあるから。

身体障害、精神障害の方に、是非この夢のある風船と音楽で、リハビリをしたいというのが、僕の一番の夢です。

長時間、飛んでも風船は安全ということと、太平洋横断するには、ジェット気流に乗るわけだから、高く上がっても、全くビニールが何でもないと証明するためにも、やりたい。

自分以外のことをやるには、自分が命を張らなければできないと、そう思っています。おりる時は、反射板をつけていくので、サンフランシスコ、ロサンゼルスの管制塔、それと日本の管制塔に、それをキャッチしてもらう。それで、キャッチできたところで、高度を下げるような指示が入ります。そうしましたら、風船を一つずつ切って、高度を下げていきます。

命がけでしたことが、今後の夢を持たせることにつながるような大きなことをやりたいんです。

成功させる自信があります。是非、成功させて、多くの人に風船で、大空を飛ぶ素晴らしさを伝えたい。》

飛び立った後、家に残されたものの中に、風船やゴンドラの緻密な設計図やら、持っていく物を細かく記したメモが出てきた。パラシュートはもちろんのこと、日本、アメリカの国旗各二本持参に至るまで。

支援して下さった方が、後にこう言ってくれた。いろいろな所で無防備だと言われているけど、揃えるべきものはすべて揃えていたと。

家にあったいろいろなものの中に、彼が自分自身に言い聞かせるように——

《世界初!!　最大パフォーマンス
　素晴らしい風船旅行

五十時間太平洋横断
島根県仁摩町大字天河内町
仁摩サンドミュージアム＝出発
「夢のつまった大きな風船を翔ばそう！」
……今、経済摩擦や不幸な事件が多く、決して平和とは言い切れない世の中で、長年の夢であった風船で空を飛ぶという世界初の試みをしようと、夢のようなことを考えている人間がいる。
しかし、この夢が実現された時、その勇気は、それぞれの人の心に希望となって根付くはず。
アメリカ合衆国ネバダ州リノ着陸
一二四六五ＫＭ
ジェット気流二五〇ＫＭ〜二八〇ＫＭ成層圏一万二千メートルから、五十万メートルの大気層は、水蒸気の存在は許されず、空気の対流もなければ、雲もない。
空気圧は、地上の三分の一。
気温は、平均マイナス五十度。
強烈な紫外線は無防備な人間の目を、一瞬にして焼き尽す。
人間の生活を許さない、この凄まじい環境の中で、風船の自分は、生身の体をさらけだしておかねばならない。
五十時間は大冒険！》
私は、暫くの間、このメモを手にしたまま動けなかった。

また、「鈴木嘉和氏壮行歌」が楽譜とともに出てきた。

十一月五日に、テレビの取材で、大学で壮行会が行われたことが、後でわかったのだが……。

壮行歌――これも、見た時、何とも言えない複雑な気持になり、しばらく呆然としてしまった。

「大丈夫ですよ」

言い切る彼の笑顔が重なる。この間近の頃、「信じてね！　大丈夫だから」としか言わなかった。

風船男空をゆく（鈴木嘉和氏壮行歌）

一、煙も見えず、雲もなく／風も起こらず　波立たず／風船男　空をゆく／めざすネバダ　Ｓａｎｄ　ｍｏｕｎｔａｉｎ
二、鳴き砂　守れの声のせて／ｂａｌｌｏｏｎは、雲間に一直線／ジェット気流でアメリカへ／酷寒零下六〇度
三、夢、あたためて五〇年／いま七色の風船に／飛ぶはピアノの調律師／乗せよ　砂のメロディーを
四、Ｎｅｖａｄａの　サンドマウンテン／すこやかなりやＳｉｎｇｉｎｇ　ｓａｎｄ／去れｄｕｎｅ　ｂａｇｇｉｅよ　魔の谷へ
五、仁摩のサンドミュージアム／世紀の夢をのせてゆく／地球守れのメッセージ／とどけ　世界のはてまでも

砂の歌に耳を傾けて、といっている絵がそえられていた。

これには、「一九九二年十一月十四日(土)午後十時出発予定。場所は島根県仁摩町:仁摩サンドミュージアム。ご声援下さい」とあった。

教授と彼との心のつながりは、教授は、彼がピアノ調律師で、鳴き砂の音が、楽音(調律とは、音の周波数が倍音構造を持つことで、それと鳴き砂の音が、ただの雑音ではなく、快い楽音を持っている)であることがわかって、感激したところから、はじまったのだとおっしゃった。

教授の講演会でも、協和音と不協和音の意味が、彼と話して初めてわかったと話されている。コンピューターで解析して、その音の波をとってみると、いい音だなあという音は、ちゃんと二倍、四倍と倍数に出る。変な音というのは、その中にザーッという音が入る。

今は世界中で、不協和音が漂っている。アメリカと日本の間でも、始終不協和音が聞こえるけれど、音の振動数がちょうど合って、皆が、波長が合うようにするっていうことが、一番基本だし、こういう音を聞くということで、そういった意味もわかると思う。人間の耳には、立派に感じとるところがあるということも研究者から聞いたと。

自然保護の象徴は、海岸線や砂ばくに表れ、鳴き砂汚染に、心痛めておられる様子など、純粋に話されていた。

そして教授は、鈴木さんは失敗したけれど、彼の高邁な理想は通じたと言われているという。

彼が、アメリカに飛行許可を申請に行ってから後は、だんだんと何が何だかわからず状態になっていった。事態が、彼から見ていてスムーズに前進していた間は、「心配しないでね」と言いながら話してくれたが、途中からどんどん無口になっていった。出発日も出発場所も変わる。ヘリウムガスも間際になって、今まで予定していたところがストップ。テレビ局もわかってくれていたと思ったのに、わかっているのかいないのか、わからない状態。そういうことを、私に話したら心配はもちろんのこと必死で止めに入る。後になって思えば、彼はそれを避けたとしか思えない。彼も私も偏見、詮索することが大嫌いだった。教授も彼も、お互いの精神が高邁であった。それに向かって、純粋に、情熱を持って、精一杯努力した。私は、それだけを「信じたい」と思った。

テレビ局は、とても熱心だった。こまかいことは何もわからないが、飛んだら追跡してもらうから心配ないと、他の人からも聞いていた。夜は、大きなランプをつけて、追跡してくれるから安心だと、ラジオのインタビューの時のテープで私も聞いた。これに関して私は、身を切られるほど悲しい思いをした。彼は、真っ暗な空を飛びながら、信じていただけに、一番悲しく思い、無念だったと思う。でも、大冒険を目前にして、人の気持が大きく変わることがあるのは、二人ともよくわかる。彼の性格からして、すぐに前向きに心を切りかえたのだと、痛いほど伝わってきた。

大きな夢に賭けた時は、皆、心はひとつだったと信じたいと思う。

風船旅行で、音楽をたくさん聴くんだとＣＤもテープも持って行った。いくらダンスの好きな彼でも、まさか、あのファンタジー号の中では、踊れないと思うけど……

――大きな夢環境保護に使命感　無限の力を信じ尽くすのみ――

鳴き砂

一九九八年十二月三十一日夜十時、この年新しく生まれ変わった東京発寝台車〝サンライズ出雲〟に乗った。

二時間後に迎える一九九九年はうさぎ年。うさぎ年の私は、再び生まれ変わろうとしている。

一九九九年は、風船おじさんと呼ばれた彼が風船に祈りと、信念と、夢と、希望を乗せて、今まで誰も実行していない太平洋横断をめざす冒険に旅立ってから七年目を迎える年。

東京を離れ、寝台車の個室の中を暗くし、窓のカーテンを一杯あけた。星が輝き、とても美しい夜、去りゆく年から、新しい年へと動いていくのを感じる。前から、この日に実行したいと思っていた、今回の一人旅。砂の奏でる音だけを聴きに行く旅。

一九九九年うさぎ年は、なぜかぴょんぴょん跳べそうな気がして、ドキドキする。ドキドキしながら、なぜか涙がとまらず、新しい年を迎えようとしているこの瞬間。

今年と来年の境界線の見えない時間を、いるのにいない彼、いないのにいる彼とともに、過ごしている感じだった。

旅立ちに、お年玉をくれた娘たちの優しさとともに、多くの愛を感じて涙がとまらない。

感情の大きなリズムと寝台車のリズムにゆられ、夜が明けたら大自然のコンサートが聴ける思いを胸に、泣きながらいつのまにか眠りについた。

数時間後、列車に運ばれていく音を感じて目が覚めた。朝焼けの淡さの中で、列車は進んでいく。一九九九年元旦。一夜明けただけで、何か大きく変わろうとしている予感が、胸をときめかす。淡い朝焼けが、少しずつ白い世界に変わり、気がつけば空から雪、まさにしっかりと雪景色。すっぽりと、白い綿帽子をかぶったような光景に、雪の好きな私は心が躍るようだった。

出雲に近づいてくる頃には、雪は雨にかわり、そしてまたやんでいく。自然のドラマを見せてくれながら、朝九時五十分、出雲に着いた。そこからさらに、列車を乗り換えること一時間、馬路《まじ》駅に降り立った。改札もない。駅の人もいない。降りたのは私一人。琴ケ浜と書かれてある方へ足を向けた。元旦の朝だからなのだろうか、何もない、人もいない。静かな街なみを、五分ほど歩いていくと、突然目の前が開けた。

鳴き砂の浜辺!

ここにとても来たかったはずなのに、なぜか、立ちすくんでしまった。ここにくることを強く望んでいながら、彼が飛ぶ決心を固めたこの場所で、鳴き砂を聴いたら、ずうっと泣いてしまうのでは、その気持が、足を止めさせたのだと思う。

波の音に誘われて、浜辺に足を踏み入れた。その途端、思いもしなかった方向に、気持が展開していくのを感じる。

来たかった! 聴きたかった!

この大自然のコンサート!

昨夜からの一人旅に、彼も一緒だったはずなのに、なぜか、私はこの浜辺で彼に会えることを期待している。広く白い砂浜に、ちらほらと人の姿が見える。砂が鳴るのを聴きに来ている様子。まだ、砂は鳴らない。小降りとはいえ、雨が降っているので、砂が湿って鳴りにくいのだろうか！　それでも、とにかく、まずは湧き生ずる音を聴きたくて一生懸命に歩いてみた。この鳴き砂を〝泣き砂〟と、とらえたすてきな悲しい歌を聴いていたこともあってか、私にも、当然の如く、悲しく聴こえると思った。ところが、雨で湿った砂を滑るように歩くと、私には、どうしたことか〝わらーって、わらーって〟と聴こえる。そして、なぜだかだんだん嬉しくなり、時が経ち、太陽の光が射す頃、砂が鳴り始めると、今度は〝クックックックッ〟そして、場所によっては〝ケタケタ〟、〝トホホ〟と聴こえてくる。まさに笑いの音楽だ。「寅さん」の好きだった彼が、鳴き砂を〝笑い〟に聴かせてくれてるのかしらと思うほど。大自然からの贈り物〝鳴き砂〟は、聴き方によっては、泣き砂にも、笑い砂にもなる音楽なのだと思えた。

日本海の波の音が加わり、結局、私は、素晴らしい夕陽を見るまでの五時間、自然の大コンサートを聴きながら、砂とたわむれ続けた。途中、水上スキーをしている地元の青年が、波間に浮かんだ時、もしかして彼では！　と思ったのはおかしかった。龍宮城で、もてなしをうけて帰ってきたのではと、一瞬でも思うおめでたい私。かと思うと、広い砂浜の端の方に佇んで海を見ている人を、もしかしてと思って近づいて行ってたしかめ、感じが似ていることにほっとしたり。青い空が雲間にぽっかり見えると、今度はそこから風船で、降りてくるかのように思ったり。そして、彼特有の満面笑顔で、「ただいま！」と目の前にポンとあらわれて、また、驚ろかしそうな彼がいる。そんな想いを胸にしながら、浜の端から端まで歩き、音楽している砂と、汚れてできなくなっている砂の音を聴き続けた。

　ふと見ると、その砂地から四葉のクローバーのような芽が出ているのに気づき、思わずしゃがみこんだ。それは砂地に織りなす音符のよう。音が芽になったようで愛しくて、しばらくながめるというより、聴いていた。

　それから、海の家に置き忘れられた小さな椅子を、頭を下げてちょっとお借りし、砂浜で瞑想するかの如く、持ってきたCDと大自然の音楽をともに聴く。まさに大コンサートだった。

　この浜辺に足を踏み入れる前の、あの立ちすくみはどこへやら、この場所に来て、鳴き砂の音を聴き、彼の思いに心の底から共感を持てたことは、本当によかった。呼ばれるようにここに来た一九九九年一月一日！

　原点で物事をとらえる彼を、私はよく「原点さん」と呼んだりしていた。その原点さんが飛び立つ決心をした一番の素がここにあったことが、よくわかった。〝鳴き砂〟というのは、約五百万年もかかってできた〝奇跡的〟自然の恵み、気の遠くなるような大自然の営みが生み出した〝至宝〟なのだ。

　この目では見えない美しい音色のミュージカルサンドが、環境汚染が進んで鳴らなくなってきた。日本にも、何カ所かあるのにもかかわらず、鳴らない〝鳴き砂〟の浜が多くなってきた。ちょっとの汚染ですぐ鳴らなくなるほど、デリケートなのだ。その汚れを、自然のままの元のように戻すには、百年も二百年もかかるといわれている。

　デリケートな鳴き砂と同様に、自然の一部である人間の感性もデリケートだと思う。傷つけるのは簡単、なおすのは途方に暮れるほど大変なこと。ともに汚染されないように、そう思っただけでも、いたたまれなくなる。〝時は愛情〟のように思っている私にとっても、まさにこの鳴き砂は、大自然の愛の賜物、この賜物が大警告を発している。彼は、本当に心が痛み、即、自らアメリカへメッセージを運ぶ決心をしたのだ。

深い想いに浸っているうちに、夕陽が、雲間から光のカーテンのように、サーッと射してきた。それは本当に神々しく、思わず私は、砂にひざまずいた。

広い浜辺に私一人。ここに来て、ほんの少し大きくなれたかなと思えたりもした。

感謝と喜びで、涙がとめどもなく流れる。悲しい涙が嬉し涙に変わる。それは予期せぬ出来事。今まで、何度かこの想いをくり返してきた。それでも、だんだん体全身でうなずけるようになってきた。

その場を立ち去るのが惜しくて、何度も何度も行きつ戻りつし、鳴き砂の音をしっかりと体に入れる。この琴ケ浜は、まさに音楽浴の世界。鳴き砂の音楽が、浜にいつまでもいつまでも響いていて欲しい。子どもたちの未来のためにも、これ以上の汚染が進まないようにと心から願わざるを得ない。

帰りの飛行機の中から見えるダイヤモンドをちりばめたような美しいあかりも、資源節約のために、夜空にまたたく星の光に勝らないというようにできないものかしら！

子どもたちの未来のために、目に見えないものを、みんなで大切にしなくてはと、強く思いながら、東京に向かった。

すべてはひとつ！

人間愛を胸一杯に、夢と希望を持ち、

〝僕は、ピエロになって祈るんだ〞と言って飛んだ彼とともに、一九九九年元旦をスタートした。

この時、琴ケ浜で幾度も聴いた音楽の中に武満徹作詞〝翼〞という大好きな詩がある。

私はこの詩に彼が観える。彼は、この本を書くにあたって、夢の中で翼をつけてくれた。この浜辺で大自然とひとつになれるように……私の体に感じているこのエネルギーが〝翼〞なのだと思う。

――鳴き砂は音楽浴と笑浴で　まさに宇宙と呼応し合ってる――

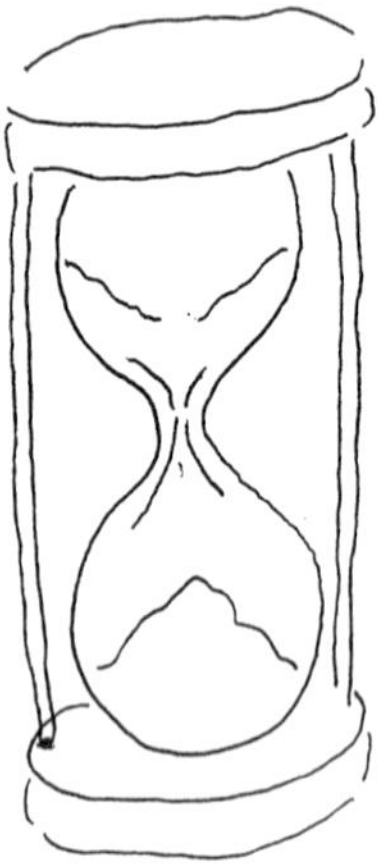

第三章　想い

——魂の友だからこそ一体感　持つことできた悔いのない旅——

特別な賞

一九四九年四月、わが国で最初の音楽高等学校として誕生した学校に、他に例のない調律科が併設された。当時としてはまさにユニークな科の開設だった。それは、世界で初めての試み、ピアノ技術者を学校教育の場で、養成する志を持った調律科の誕生だった。

彼は、この音楽中学校、音楽高等学校に在学していた。彼は十回卒業生、私は九回卒業生だった。私は、音楽高等学校ピアノ科に入学したので、高校二年の時に、高校一年の彼と出会ったことになるが、その頃、個人的に話したことは、まったくなかったように思う。

学校での彼は、いつも学校のために役立つことで動いていたり、友人のために、人なつっこい笑顔で、頼られて行動していた。男子生徒が、女子生徒にくらべて圧倒的に少ない音楽学校では、女子生徒に頼られることも多く、とくに彼は頼られていた。バカがつくほどのお人好しの彼は、自からすすんで皆のこと、学校のことを、嫌な顔一切せず、喜んでもらえることが最高とばかりによく気がついて、動き回っていた。その無私の精神にすごい人だと思ったことだけは、しっかりと心に刻みこまれていた。

今から十一年前、この音楽高等学校が四十周年を迎えるに当たり、記念誌が発刊された。その記念誌に、私が頼まれて書いた「同窓会の誕生」という文を書き写してみる。

《音高が四十周年を迎えるに当って、同窓会のそもそもはじまりのことをと言われ、記憶を確認しながら書きました。

私は九回卒ですから、多くの方々から少しずつお声はあったと思いますが、一番始めの頃のことは、エピソードも含めて覚えていることと、その時の事務長の記憶で間違いないと思います。十回卒に鈴木嘉和さんがおり、在学中から学校のためにいろいろ尽くした人でしたが、ある日、高校の校長先生に、そろそろ同窓会を作ってはと彼が話したそうです。

私が在学中にできた生徒会のことを何や彼やしていたこともあってだと思いますが、先生から「鈴木君も言っているし、良いことだと思うから手伝ってやってもらいたい」とのお話がありました。その直後のことでした。先生が行きつけのお寿司やさんに、鈴木さんと私を連れて行って下さり、具体的に同窓会を作る話をして、お別れしました。

その後、事務長に、今度、同窓会を作るから協力してやってくれるようにと、先生から話して下さったのです。

事務長からも、鈴木さんからこの話を聞いた時、良いことだから大いにやりなさいと励ましたということを伺い、会計は、今は亡き会計担当の方が、面倒を見て下さることになりました。先輩とも連絡をとり、話はとんとんと進み準備委員会ができ、昭和三十五年十一月三日、記念すべき、同窓会の発会式となったのです。

最初に、エピソードを含めてと書きましたが、先生にお寿司屋さんへ連れて行って頂いた時、ビールを御馳走になっての帰り、同じ方向だったので鈴木さんの車に、乗せてもらったのです。

アルコールに弱かったのか、時間も経っているのに鈴木さんはほんのひと口のビールで赤い顔をしており、サングラスをかけても、それとわかる色です。まだ、暗くなってはおらず、遂に交差点の所で、おまわりさんに車を止められ、プーッと吹くもので、アルコールの検査をされ、内心どうなることかと思っていたのですが、反応が殆ど出なかったので許されたということなのです。「もしもし」とおまわりさんに言われて、びっくりした時の気分が、昔のこととは言え、同窓会を作る話を、具体的に先生としたという印象とともにはっきり残っていたのです。

また、直接同窓会には関りのないことですが、いかにも音高らしい、心のこもった話を、事務長から伺ったので、書かせて頂きます。というのは、勉強ができるできないに関係なく、各人必ず良いところがあるものだから、それを大いに認めようとする、校長先生の信念の表れの、良い例だと思うからなのです。

同窓会設立を推進した鈴木さんは、誰に言われずとも、学校のことを労をいとわず、自分から進んでただ一人、一生懸命ににこにこしてやっている姿に、学校として何か特別賞を出して認めてやりたいと、先生が彼の卒業の時に「学校によく尽くしました」との特別賞と、ささやかな賞品で表彰なさったということなのです。

この特別賞は、あとにも先にも鈴木さん一人だけだったそうです。

もちろん、今のような大世帯になってそういう心の表し方をするのは、難しいと思いますが、良いところは少しでも伝統として残し、これからも、その場限りでない、大きな視野で、本質をみつめてゆける学校であるよう心から願い、同窓生の一人として微力ながら努力してゆきたいと思っております。》

それこそ、大勢の同窓生を把握し、中心になられる先生がおられ、今や、素晴らしい同窓会になっている。

そして、その記念誌に、私は九回生を代表して「暖かい校風の中で」と題して、お世話になった多くの先生方への想いを書き記した。そこに、人が喜ぶことをしている人を、ちゃんと見ていられた校長先生のことをこう書かせて頂いた（一九七二年先生逝去）。

《飄々としていて、どこか憎を想わせる方。それでいて個性豊か、それだけに生徒の個性を重んじられた。度胸がすわり、粋な先生。些細なことには目をつむり、大胆不敵とも言えるほど。大きく物事を見、頼り甲斐充分な方。もう一度、この世に現れることを願いたい。》

振り返れば、彼は、本当に少年の頃からボランティア精神にあふれていた。自分にできる限りのことは精一杯……いえ、できなくてもなんとかやろうとしていた彼だからこそ、もらえた心ある賞は、彼にとって、何よりも〝最高の賞〟だったと思う。

彼は、よく話していた。学校が楽しくて仕方なかった。朝起きたら、できるだけ早く学校に行きたいし、帰りは、いてもいいといわれる時刻までいて、何か役立っていたいといつも思っていたと。本当にその通り実行していたと思う。

ある時、先生にひどく怒られたことがあり、中味は忘れたが、皆気落ちしているのに、彼はそれにめげずに先生の所に行き、「お前は、憎めない奴だ」と言われて、結局みんなの気持を救ってくれたりもした。みんなの気持になって行動する彼のいろいろな場面を見るにつけ、尊敬の念さえ感じていた。

その後、何十年も経って、親しくつき合うようになり、不安を感じた時、その頃の彼の原点を想うと、たちまちのうちに解消されたほどだ。

進歩的な音高では、当時、日本で初めてリトミック（身体行動、運動を通し、音楽に反応することにより、人間の感覚機能の発達を促し、芸術的思考、創造性を伸ばそうとする教育。）が輸入され「トットちゃん」で有名な学校の校長先生に、信念あふれる授業リトミックを御指導いただいたり、また、ソーシャルダンスの草分けであられた先生が指導に来られていて、フォークダンスも、ソーシャルダンスも教えていただけた。

私は幼い頃、ピアノより先に、創作舞踊、そして能楽の仕舞を習っていた。かなり一生懸命やっていたので、その一体感を授業で触れることができて、とても嬉しかった。

その社交ダンスを、彼は、それはそれは熱心にやっていた。その素晴らしい先生も、彼の熱心さに負けないくらい、熱心に彼を導いていられた。ずっと後になって、彼は、「音楽高校で、一番身についたのは、社交ダンスかな！」と笑っていたほど。

何十年も経って、よく踊ろうといわれて踊ったが、体得している彼は、本当に上手だったし、とても楽しんで踊っていた。

彼は、学校が好きで好きで、とても楽しい所と思っていただけに、登校拒否とか、いじめの問題を聞くと、「どうしてかなあ」と言ったきり、無言になってしまう。とくに、知人や身近な人のことで相談を受けると、眉間に深くしわをよせて、そのことだけを想い、人を寄せつけない感じになる。彼にとって、そういう心の傷みがたまらないのだと思う。その人、その子どもと同じ位置に立つ。彼のそういう姿勢は徹底していた。彼が、真摯な態度で接して、明るく立ち直った子どもたちを、私も見てきた。彼の性格もさることながら、そういう時、個性を重んじ、良さを認めた学校の校風が、彼を通して充分生かされるのを見た気がした。

音楽学校という音を学ぶ所で、見えない音を聴く勉強をしてきた私たち、見えない人の心が聴けるように努力したいと、彼とよく語り合った。

彼こそ、人の心を生かせることに役に立てるのにと、心から思う。

このような校風の中で、人間の好いところを見て成長でき、人のつながりを信じて、現在あることを喜びに思う。

——学校のために尽くした賞もらう　彼のみもらえたとくべつな賞——

心の絆

彼は、ピアノの調律の世界では、草分けともいえる調律一家に育った。

幼い頃から、文化的に恵まれた環境にいた彼は、聴く世界を自然に持っていた。

〝調律は芸術である〟が彼の持論だった。

高校時代の彼の友人が話していた。

「音楽をやっていく上で環境的にも恵まれていて、センスもあり、羨ましかった！」

「鈴木君は、普通より十年くらい先のことを察知して実行しようとするから、すごいと思うし、でもその時は、まわりはわからないから大変だよね、先覚者の悲哀を感じちゃうよね！」

何しろ、よく気がつく人。演奏会の時なども、こちらが何も言わなくても手抜かりなくしてくれて、いつも助かった。

私は、音楽大学卒業後、専攻科に在学中に結婚した。その時も「何でもするから、手伝うことがあったら言って！」と言われて、「では、お言葉に甘えて披露宴で演奏もあるので、始めから通して録音をお願いするわ」と頼んだ。ところが後半は録れていたのに、前半の大切なスピーチのところがどういうわけか録れていなくて、彼は平謝りで謝る始末。どうしようもないこととはいえ、私は一生に一度のことなのにと泣いてしまった。

数年後、彼が結婚することになり、お願いがあるのだけどといわれた。「僕が君の時に、録音を失敗したお詫びに、披露宴でピアノを弾いてくれる?」と。「それ、何という頼み方?」とお互いに笑いながら頼まれた。

また、私に長女が誕生した時、彼の方が結婚は後でも、子どもの誕生は早かったので、奥様と可愛い一歳の赤ちゃんを連れて、お祝いにきてくれた。とても愛敬のある赤ちゃんで、長女の鼻をちょっとさわって、ニコッとし、両親に注意されていたが、その仕草がとても愛らしかったので、よく覚えている。その時彼は、外車で颯爽と現れたのだった。

ずっとずっと後で聞いたことだが、この頃彼は、ピアノの販売・調律ともども、最高の成績をとっていた時だった。

このお祝いに来てくれたのを最後に、姿はパタッと見せなくなったし、連絡もまったくなかった。ある時、銀行で待っている間、おいてあった大きなグラフ誌を見ていたら、最後の一頁を使って彼が一人で写っている!「エッ! どうしたの!」声も出さんばかりに驚いた。それも、何とボウリングをしている写真で、三百点出した人として載っている。彼ならやりかねないと思いながらも、何度も人違いではないかと見てしまった。まだ、ボウリングブームの始めの頃で、珍しかったからあれだけ大きく載ったのか。これも後で聞いたのだが、彼にしてみれば、別にプロボウラーになろうと思ったわけではなく、どこまでできるか挑戦してみたかっただけと言うのだった。

私から連絡をとることはなかったので、彼がどうしているのかわからなくなってから、四年くらい経っていたと思う頃、いきなり電話がかかってきた。私は、思わず「今、何をしているの?」。ボウリング三百点達成の写真を見たと話す。「今、ボウリング場の支配人を頼まれてしている。元気?」「元気よ」「よかった! またね」。どこで、どうしてと質問する間もなく電話が切れる。何でかけてきたのかしらと思うような電話。

この後また、四年くらい過ぎて電話がかかってきた。「もしもし、元気ですか?」四年ぶりの電話で思わず「元気です」というと、「よかった」と言ってから、自分から「のめりこむ性格を直すのに、今、賭け事一切禁止という所で働いている。冬の蓼科に行って雪の中で厳しい自己トレーニングも受け、ほとんどの人が落伍した中で残れた。人がやりたがらない掃除をみんなの来ないうちに行ってやっていたら、気づかれないようにしていたつもりなのに、たまたま早くきた上の人の目に止まって店長になった」。こちらからの問いをする間もなく自己報告の電話で、「またね、元気でね」で切ってしまう。今度もわかるようなわからないような電話。もう知らない!

次に電話があったのは二、三年後だった。

「もしもし、元気?」。こちらは、彼のことを心配している人たちのことを言いたくて、元気よという気もなく、「皆、心配しているわよ。どうしているの?」というと「元気なんだね、よかった」といつもの調子。

「もう賭け事をする気はまったくないし、賭け事を断つために行った所なのでそこはやめて、今度は、高校の時、一生懸命やったダンスに一度だけ集中する時期を持ちたかったので、とても感じの良い所で教えているから来ない?」この時は、こうもつけ加えていた。「これをしたら、落着いてやるべきことをやる」と。

私は、怒ってしまった。彼が電話で後につけ加えていた言葉は、何か言っていたと思うくらいで、聞いていないのと同じ。こみあげてきた怒りが何なのかわからないまま、「いいかげんにしたら！　あなたには立派にやりたいことがあるじゃない！　そう言っていたじゃない！　あなたがあなたらしいことをしたらかけてきてもいいけど、それまではもう電話かけてこないで！」と言ってガチャンと私から電話を切ってしまった。怒ることもいやな気持だったし、何か偉そうに頭でっかちな言い方をしたのも、自分としては後味が悪かったが、友人としての想いから出てしまった言葉だから、仕方がない。普通だったら、良い状態でない時をいちいち人に報告しないものなのに、何年かに一回、かけてきては、彼にとって良くない時を報告してくる。しかも間に何の連絡もなくて突然だから、こちらとしては、一体何を考えているのかしらと思ってしまう。そうは言っても、失敗しては自分ではい上り、自分自身に挑戦し、体験している彼を認めることもできたのだった。

いつの間にか時が流れ、六、七年経った頃。あんな電話の切り方をしたきりなので、もうかかってこないと思っていたし、ほとんど忘れかけていた。ところが突然「もしもし、元気？　この間はショックだったよ。」と電話がかかってきた。

六、七年前がこの間ってどういうこと？　ってまた言いたくなってしまった。私からすれば忘れるくらい前のことなのに……言葉が出なくなっている私に、彼は続けてこう言う。

「あれから、あの言葉をかみしめて、自分がやりたいことをしっかりとやったから、会ってくれないかなあ！　お家に行くから、都合の良い日教えて？」

それは、ちょうど夏休みに入る時だったのと、なぜかすぐ会う気になれなくて、

「夏は旅行するのでごめんなさい。秋にでもなったら」と答えた。

夏休みの終わり頃、ちゃんと電話がかかってきた。私は、約束したから守らなきゃという気持で、

ちょっと躊躇していると、人の気持を敏感に察する彼は、

「じゃあ、とりあえず会う前に電話でいいから、聞いてくれる？」

と言ったとたん、電話の向うから、彼の発案した音楽が聞こえてきた。それを聴いた時、理由もなく私の心が「これだ、これだ」と叫んでいて、何かピーンとくるものがあり、思わず「とってもいいじゃない！」と言ったのを覚えている。

彼は、「ああ、よかった！」と心から喜んでいた。

「できたら、日曜日とかみんながいる時にいきたいんだけど？」（娘たちにも感想を聞きたいという。）日時を約束した。その日が来た。午後に約束したのに、四時間も早い午前十時頃にたずねてきた。日曜日なので朝からではあまり……と思っていたせいもあって……

「どうしてよ！　約束したのは午後よ！」十六年ぶりに会って、開口一番そんなことは言いたくなかった。「しばらくね！（姿が）変わらないわね！」とか、懐かしく言いたかったのに、幼なじみで気心が知れているだけに、まったく違う言葉が出てしまった。彼なりに努力して、今日という日があり、早く作品を聴かせたい、見せたい思いが、午後を午前にしてしまったということは語らずともわかったのだが……本当に久しぶりに会って、そういう彼を、素直にねぎらいたかったのに、どうして違うことを言わせるようなことをするのよという思いが、多分私の顔に出ていたのだと思う。

「そうだったね。ゴメンゴメン」と言ったと思ったら、もう立ち去っていった。

時間が来て、再度訪ねてきた時、彼は先ほどと同じく大きなものをかかえていた。今度は、「しばらくね」から始まって、その後は、彼が考案したものについて矢継早に話し続けた。

「君なら絶対にわかってくれると思ったし、是非協力して欲しいと思ったから」

その後は、彼が考案した音楽教材を、(教材については次の章で)私と娘たちに使わせて、感想を一生懸命聞いていた。彼は、本当に子ども好きなので、子どもと対応している時の彼は目を輝かせ、彼自身が子どもになってしまう。夢中になって時を忘れてしまうほどで、その時も、私とより、娘たちとともに音楽を楽しんでいた。

私は、その姿を見ていて、生意気ながらなぜかほっとした。彼本来の姿を見たからだと思う。これでなくてはと、心の中で思っていた。

彼の考案した音楽教材の発想の原点は、私の信念でもあり、大共感したので、私にできることは、できる限り協力したいと返事をした。本質を大切に考えて創られたものを観るのは、嬉しいし喜びだった。

その日、家に帰った彼は、お礼の電話をしてきた。その日の昼間、久々に会った彼から再婚して何年目と聞いた。電話は彼から奥様に代わられ、お互いに、「初めまして!」と挨拶した後、「今日は、初恋の人に会えると喜んで出かけたので、お約束の時間より、ずっと早く伺ってしまったようですみませんでした」と言われて、初恋という言葉に〝えっ! そうだったの!〟と一瞬びっくりしたのだが、奥様が言われることなので〝そんなー〟と聞き流してしまった。

「自分本来の仕事ができる。協力してもらえることになったと、本当に喜んで帰ってきました。ありがとうございました」と。

——聴く世界ピーンときたのは何なのか　つながり感じる運命の音——

魂の友

彼と私の人生での出会いは、同じ高校の上級生と下級生という間柄だった。甘えん坊で育ってきた私は、年下の男性には甘えられないと思う自分なりの浅はかな考え方から、申しわけないけど、下級生である彼に特別な想いはまったくなかった。でも、人間としてはすごい人だと思っていた。

四十代に入ってから、彼が十六年ぶりに我家に訪ねてきた。その日のお礼の電話で、奥様に私が彼の初恋の人だと聞かされても、その時は〝ウッソー！〟という感じで、笑って聞き流していた。やがて、そのことを本人の口から聞く時が来る。

彼の考案した音楽教材の仕事をともに始めることになり、順調にことが進み、某音楽出版社の後援も決まった後のことだった。軽井沢の知り合いの紹介で、軽井沢に近い大きな楽器店にその方も同行して下さった時の帰り道。その方と別れた後、浅間山の裏側に当たる所、わが家では、そこがとくに大自然を感じるので〝アフリカ〟と名付けている場所に寄った。良いこと、ありがたいことが重なって嬉しかったので、その気持を大自然の中で改めて深く味わいたかった。何十年もの間、嬉しいにつけ、悲しいにつけ来た所、ファミリーとともに、朝焼け、夕焼け、星空を見にきたり、とくに流星群のニュースを聞くと、そのためにだけ訪れた所。その日は早朝、車で東京を出て行動したので、午後にはなっていたが、浅間山は凛とした姿を見せていた。

私たちは、今まで二人きりになって改まって話したことはほとんどなかった。いつも必ず誰か交えていた。この時も、私は幼なじみとともに信念を持ってやってきたことが、良い方向に進んでいると、感謝の気持を浅間山を見ながらボーッと味わっていた。

普段、あまり自分から心情を話すことのない彼が、こんなに話すのを知ったのもこの日が初めてだった。ボーッとしている私に、彼はずうっと話し続けた。

私は〝エッ！エッ！〟という感じで聞いていた。

「自分にとって初恋で、この人しかいないと思ったけど高嶺の花だったたし、みんなで話している時も、君は、『私は甘えん坊だから年下の人には特別な感情は持たない』と言い切っていた。その言葉を何度か聞いたりして自分なんかと思って悩みぬいた末、結婚は無理でも、何とか努力していつか君が本当に価値があると思ってくれる仕事を、一緒にできたらと想い続けてきた。そして今、それが現実となって本当によかったと思う。とても嬉しい！」

というようなことを、彼は浅間山を見たままずうっと話し、私も浅間山を見たまま一言も発さずに、ずうっと聞いていた。はじめは他人事のように聞き、そのうち自分のことだとわかって、驚いている自分を感じたほどだった。

彼から素直にそう話されて、友達として正直に嬉しいと思ったが、それよりも、長い間ずっとそう想っていたということは強烈な印象として残り、東京に戻る間もほとんど無言状態で、それ以後、その話は心の中にしまい込んだ。

彼は魂のきれいな人。その証拠に目がものを言っている。私の姉も、彼の目がきれいだと言ってくれた。

彼は、いろいろなことをした。すべて、もとはひとつと思う故に、自分に関心のあることを体感しようとした。人間のあらゆる可能性を追求をしようとした。徹底した繊細さと大胆さを持って……。

「皆にはわからないと思うけど、僕は負けず嫌いなんだ」とポツンと言ったことがある。

人にバカだと言われても決して言い返さない。バカでいいじゃないかという顔をしている。「僕は、人を詮索することが一番嫌いだ」と言っていた彼。それが相手の心に見えた時、相手にいやになったとは言わないが、自然と立ち去る。後でどう言われようと。人のことを決して責めない。悪口、陰口も言わない。ことと次第によっては、濡れ衣をきた方がよいと判断した時は、何も言わずに汚名をかぶる。側で見ていると、何でそんなに損な役をと思うが、彼にとってはそれが無意識に出て来ているように思う。

彼は口ぐせのように、「どうしてみんな、むづかしく考えるのだろう。考えすぎだよ」とよく言っていた。また、「こだわりすぎだよ」ともよく言っていた。凝るのとこだわるのは違うと。そして、押しつけを誰よりも嫌った。だから、人にも押しつけることを決してしなかった。恩きせがましいことも一切言わなかった。

彼の発想はいつも時代の流れより大分早く、それだけに経済的に苦しんでしまう。でも自分のことだけを考えずに、他と一体感のある発想であることは確実。感性に忠実であるから、私はみんなから排斥されるようなことがあっても味方したいと思った。私が理想とすることを、私自身、頭でっかちで勇気がないために実現できないでいるのを、彼はやろうとしている。見えない物を大切にする。これこそ彼と私の最も共通するところ、ここを貫ければ、見えない大きな力が必ずや味方してくれるものだと、私は信じている。外から受けた傷は、早いか遅いかは別として時期が来れば回復する。だけど、内なる心の傷はその人にしかわからない。表に現わさなければ何も感じていないように思われる。傷ついたら出せばいい。出さない方が不正直だとも言われる。でも、本当に傷ついた人だけがわかる心の傷み、それを見せないようなふりをしているわけではない。それこそ人間共通の弱さとすべて受け入れて表に現わさないようにしている人を、責めたり、それをよいことにしての甘え、私はこういうことが一番酷だと思っている。

彼は、傷つきやすかっただけに、人一倍人の心の痛みのわかる人。子どもや、童心を充分持っている大人は、とくに傷つきやすいと思う。時には、やる気も失せ、絶望感につながってまったくの人間嫌いにもなると思う。あんなに人間大好きだった彼が、

「人間が、もう信じられない！」とポツリと言ったことがある。その時私は、

「あなたを心から信じている人がいても、そう言うの？」と言った。

「君の側にいると、一番心配かけたくない人なのに、逆に迷惑ばかりかけてしまう。（次の言葉は、穴に入りたいくらい私にふさわしくなくて恥ずかしいが、彼の表現として記す）僕は、君をピラミッドの頂上にいる人だと思っている」と。

透き通るガラスの繊細さと、信じられない大胆さの両極端の感性を持った彼。

「僕のことは、なかなかみんなにわかってもらえない」と言っていた彼にとって、生きにくいこの世の中だけど、私は、彼の感性が生かされる世の中に少しでもなったら、これから育っていく子ど

もたちに希望が持てる世の中になると信じていたので、彼の口から絶望感を聞く時はとても悲しい思いをした。でも、ひとたび純粋な喜びに出会うと、さっきの言葉はどこに行ってしまったのかと思うくらい目を輝かせて奮い立ち、創造力を湧き起こし、行動し始める。

彼は、私に迷惑をかけて悪いと言ったが、皆、多かれ少なかれ見えない所で迷惑かけて生きているように思う。私などは迷惑のかけっ放しなのに、人の愛をたくさんいただいている。

彼にしても、信じられないような人の愛を受ける。でも、人々の目には見えない好意をいただいて形になった時には、誤解されることも多く、善意が善意としてとられない時ほど、悲しいことはない。かと言ってこれは信頼の問題だから、一度誤解されると、人から受けた好意がまっすぐに伝わりにくいので、自分がどう思われても弁明はしない。好意を与えて下さった方々の想いが、好意として生かされるように努力することが、自分のできる誠意だと。むしろ、そのことの発想、発起が真実であるならば、必ず時が良い方に解決してくれるはずと言い、実行していた。

私にとって、人の素直な想いが素直に伝わるのを見る時ほど、幸せなことはないし、反対に、悪く変形して歪んで伝わっているのがわかる時くらい悲しいことはない。だから、いい発想であればあるほど、どうかこのまま素直に伝わりますようにと祈ってしまう。

人の想い、言葉がまっすぐ伝わらないことは、よくあることだがそんな時、弁解せずいとも自然に胸におさめている優しさに、心が痛んだ。人の想いは、いろいろに変形していく。だとすると、発想の原点を感じられれば、すべては受け入れられる。だから私は、人間の善を信じたいし、信じられる。

「僕は、負けず嫌いだ」と彼は言うが、自分自身に対して、負けじ魂の強い人だと思う。本質的に自分に厳しかった。

私は、深酔いして醜態を演じた彼を見たこともない。自分で自分をコントロールできなくなると、大自然の中に飛びこんでいくか、自分自身と向き合うために山奥のお寺の道場にこもった。また、童心に完全に戻れる場所に行くとか、全く誰も知らない人ばかりの地に行くとか何れにせよ、自分で立ち上がれる時を待ってから戻ってくるよう、自分自身に向けて努力していた。そのために、まわりの人が大変な思いをすることは、多々あった。だけど、本質を大切にして、それを貫いたことだけはよくわかる。だから、私は信じられる。

それでいながら、彼は、私に負けず劣らず甘えん坊。彼は言っていた。

「両方とも、無類の甘えん坊だから、これは、どちらか先に甘える方が勝ちだ。面白いから競争しよう」と半ば真面目、半ばふざけて言っていた。一事が万事、落ち込みも激しかったが、いろいろなことを楽しむ方向へと切り換え、実践していった。

彼といると〝超気楽〟と〝超大変〟を行ったり来たりなので、波乱万丈は覚悟の上なのだが、きっとそれも含めて自然につきあえたのは魂のつきあいであり、彼と出会った高校時代から、本質の所で観ていたからなのだと思う。

本質を大切にする彼は、驚くほど辛抱強かったし、彼の包容力には頭が下がるばかりだった。人がいやがること、つまり、自分がいやだと思うことは人にしない。見えない所によく気が付いて、人を楽しませ、喜ばせ、皆をもりたててくれる。偉ぶらないし、特別なところを見せない。私の理想としている〝大バカ〟になれる人。


――知らぬ間に魂の友側にいた　気がつけばいるふりむけばいる――

一体感

私はこれまで「一体感」というものを、その言葉の意味すらわからない頃から、いつも心に抱いて生きてきた。厳格な実業家の父と、強い宗教心の持主だった母。今の時代なら封建的と思われる関係かもしれないが、厳しく家族を律する父に対して、母は黙って従う。しかし、そのような母の姿を見て思ったのは、精神的に強くなければそうはできないということ。母は、目に見えないものを、ことのほか大切にしていた。実際、母と私の会話は、そのほとんどが本質的なことについてだった。目に見えないもの、本質を理解することが、大切なのではないか。ものごとの本質は、人間と一体のはずだということを。

大自然との一体感、宇宙との一体感、人と人の一体感、そして、自分自身の心と体の一体感……。常に、どんな場面でも一体感が持てるようになりたいと。一体感のないものには嘘があると、いつも暗中模索してきた。それは多分に、厳格過ぎるほどの父親が反面教師となったお陰もあると思う。父は、人は〝謙虚〟でなくてはいけないという考えを、感性をつぶすほどの勢いで子どもたちに向けてきた。そのせいで「人間とは、人生とは何か、幸福とは何か」ということを、小さい頃からよく考えた。

子どもから大人になろうとする時期、私の入った中学では、朝の始まり、夕の帰りに観音経、般若心経を読み、座禅をくみ、写経の時間もあった。お釈迦さまが悟りを開かれた日には徹夜で過し、肝だめしや夜明けの茶会が開かれた。掃除にしても、トイレの掃除に始まり、校庭に掃き目をつけてと……すべて禅に基づいた日課だった。日本画を学び、洋裁、和裁、華道、茶道と日本女性として学ぶべきとされていたことを、徹底した少人数教育で行っていた。華道、茶道のお稽古をその後何十年も母とともに続け、上級師範の資格を取得できたのは、その延長だった。

礼儀作法、言葉づかいなど、学校でも家庭でも、非常に厳しかった。このような珍しい学校が、東京都内にあって通っていたことで、精神的に大きな影響を受けたと思う。この精神教育の徹底した中学へ行くようにと頑として譲らなかったのは母だった。

母は「人生の重荷を少しでも軽くできる人間になって欲しい」と心の修業のできるところに入れたかったのだ。

父は、厳しい人だったので、お手伝いさんが何人いても母の気苦労は絶えなかった。それを、いちいち顔に出していてはよくない。胸におさめて顔は笑顔でと思った途端、楽になったと話していた。そのような自分の思いから、何と言っても心の勉強をと思い、大切な時期をこの学校にと他をすすめる父に対して頑張ったのだと思う。

私は、実業家として成功した超厳しく頑固な父親と、宗教心の強い慈愛深い母親の両極端な人生への姿勢を見てきたことから、人の心のあり方、意識の持ち方に、必要以上に一体感を求めていたような気がしている。

尼さんになろうと真剣に思ったこともある。そうすれば、みんなの幸せだけを祈っていられる。

大好きな音楽が〝祈り〟と思っている私は、尼さんになって無私の心でそれに徹したいと思った。宗教者の講演会にも宗派を問わず、ずい分、聴きに行った。宗教も片よることなく真理探求したく、あらゆるところに通い、体験もした。その結果、普通の生活の中で一体感を求めたい、その精神を大切にすることが私にとっての勉強だと気づく。そして、音楽を通して世の中の役に立ちたいという想いが心の中を埋めつくし、音楽に邁進していった。

私は、幼い時から創作舞踊がやりたくて踊り、父親が能楽を趣味でやっていたので、親の望みで、仕舞を習った。洋と和の両方を同時に、それもかなり熱心にやっており、ピアノは後になったので、ピアノを弾く上でも、普通以上に体と心の一体感を強く求めていった。

音楽高校のピアノ科に入学し、音楽大学卒業後、さらにその上の専攻科に進み、その後、音楽大学および附属中学校・高等学校でピアノを教えるようになった。そして、各人が自分自身の湧き上る想いをひとつにして、表現できたら、音楽と一体になれたら、どんなにか生きがいを感じ、ほかのことにも良い影響が出るのではという思いを抱き、そういう方向へと望む気持で接してきた。

尼さんになりたいと強く思いながらも非常に矛盾していて、音楽高校時代の授業中に私は夢みる夢子さんで、将来なぜか〝三姉妹〟が授かったらとも思い名前まで考え、おそれ多いことに、決めていた。やがて禅宗のお寺に、専攻科在学中、両親の反対、不安を振り切り、嫁いだ。

音楽と宗教。目に見えないものを大切にするという意味においても、一体化という意味においても決して違わない。日々の生活と一体化した音楽、きっと人々の心を真に癒すものと信じられる。すべてのもとはひとつ、と思う私にとって、それが良い方向に向かうのは、この上もなく嬉しいし、逆に悪い方に向かうのを見るのは悲しい。見えない音を心で聴く、無になって聴く、そういう力をつける努力の旅をしたい。終わりなき旅だけど、この世の中でどれだけ自分が本質を大切にして生きていけるのか修行してみたい、そうでなければ、音楽は〝癒し〟にも〝祈り〟にもなりにくいと思った。

私は、理想主義者で一体感の発想から、日頃、お寺がもっと開放的になって、人々の心を癒すことに努力し、宗教の本質を伝えられたらと思っていた。そのことでは、宗教も音楽もひとつと思っているので、音楽を通して役に立てるのではと。要は、心根に一体感があればできると頭でっかちに考えた。でも、当然古くからの慣習も強い所。

やがて十代の時、三姉妹を望んだことを、聴き届けてくれた天使がいたのか、三人の娘が生まれた。娘たちとは、生まれた時から本質を大切に人間同志としてつきあっていった。優柔不断で、ものぐさで、甘ったれな私の性格から反省して、〝すべて自分にあり〟をわかって欲しいということ。また、大切な選択、決断に際して、本質を大切にしたいこと、でも、それは世間一般の流れに合わせるより大変なことだから、どちらかを選ぶのはあなたたちよと、まだ幼くてもそういう時は一対一で話した。幼くても、本質の大切さは体でわかると信じている。また、私自身が、つまらないことに感じすぎてしまうことを反省し、感性がのびやかに生かされ、感性にパワーがつくようにと、見て見ないふりをしながら、気を配った。集中力、忍耐力、自己コントロールのできる力、精神上でのスウィッチの切り換えができる力など、すべて、私が、私を、見つめてできていないことを、自然に身につけていけるように心を配ったにすぎない。願わくは自分の人生を大切に、感性に忠実に後悔のない人生を過ごして欲しかっただけ。そして、〝癒しになる人〟〝ほっとする人〟になってくれたらと、それだけは強く望んだ。

娘たちが成長し、自分の進むべき道を自分で選択するようになった時、父親の考えと対立した。皆が素直に生きられない。その状態に私は悩んだ。私にとって一番つらいのは、一番通じ合える人たちであるはずなのに、素直に通じ合えないこと。それが本当に悲しかった。でも娘たちのことを考え、別れるなど考えもしなかった。自分がわがままではないのか、母は耐えぬいたではないかと思い悩んだ。なぜか、その頑固な父に可愛いがられた私、ともに幾度も登った浅間山、またゴルフ好きの父は子どもの私を始終当時名門のゴルフ場に連れていった。コースでの景観の美しさは子どもも心に自然と人の織りなすハーモニーを強くやきつけてくれた。その父も、私が大学三年の時、他界した。母に心配をかけたくないし、私自身が決めた結婚なのだから結論も自分でだしてからと思っているうちに、娘たちの方から、

「生き方が違うのだから、別れた方が、お互いに幸せだと思う」と言ってくれた。

末娘の三女にいたっては、小学校六年生だったので、そうは言ってもと思う気持でいたが、彼女の気持をしっかりと話してくれたので、はっきりした答になった。そして、大きな意味で、良い結婚があるなら、良い離婚もあるはず、この後、どんなに大変なことがあっても、良い離婚になるよう、努力することを惜しまないと決心した。

結婚生活二十二年目の出来事だった。大変なことは、数限りなくあった。それでも、本質こそ大切と思うと、良い方向へ向けることに転換できた。娘たちと父親は、常に良い交流を続けて欲しいと思う。

宗教とは何か、宗教に対して偏見を持たれてしまっているが、日本のお寺でも音楽をするなどして、前よりもずっと開かれてきた所も、数少ないけれどある。目に見えないものを大切にする宗教

も音楽も、すべてもとはひとつ。お寺でも、もっと音楽がさかんにできるようになったら、皆、素直になって宗教心も育つのに、魂が癒されるのにと、風船で飛んだ彼とは話していたし、私は今でも、前より一層強く思い続けている。

　こういうことは、長い目で見て、次の世代でできていけば、より良い離婚だったと思えるのではと、私は夢を信じている。

　母が元気な時に「あなたは、私が生きたいと思うように生きてる」と言ってくれた。九十歳を過ぎた自分の母親から、そう言われてとても嬉しかったし、そのことに心から感謝した。

　母は、いつも言っていた。

「人生は、心の勉強をすることが一番大切」と。そして、二人でよく〝霊育〟について話し合った。

「〝魂〟を育て合いましょうね」と。


――一体感　目では見えないだけど見たい　あてどのない旅途方もない旅――

抱擁

彼は、少年がそのまま大人になったような人だった。

一九八二年に公開された「E．T．」（スピルバーグ監督の名作）は、長い間会っていなかった彼と再会しマイナスワンテープの仕事をともにする年に、話題になった。地球の少年と他の惑星からの訪問者の友情を描いた、心暖まる名画だった。魅力に溢れ、想像力に富んだ作品。E．T．が地球の生活を学んでいく中で、少年は、愛情というものが地球の枠を超えたものであることを知っていく。素晴らしい音楽とともに映画を超えたもの――ひとつの大きな体験を味わわせてくれた感動の名画。何回も観る気を起こさせるほどで、彼をしっかりと虜にした。初めて観に行った時、彼も子どもたちも一緒だった。その後も感動を映画館で味わいたくて、数回にわたり皆で観に行った。彼は、その度に泣いていた。映画が終わって、皆で赤い目をしているのと感動の余韻でしばらく立てなかった。

このような彼の強い童心が、心に火を点け、ロマンを持たせ、個人的な利益をかえりみず、自分が信じる大義のために疲れを知らぬ働きをした原動力のように思える。

環境保護を音楽で訴える。自然との協調を風船で訴える。地球の素晴らしさを人間愛で伝え、子どもたちに宇宙大の夢を！と何度か「E．T．」を観る度に熱っぽく語っていた。彼の心の中は、映画の主人公たちとひとつだった。

彼をよく知り、親しかった大会社の社長がこう話されていた。

「鈴木さんは、どこかの国の王様だったらよかった。きっと、余計なことを心配せずに、みんなを幸せにすることができると思う」と。あまりにも〝ピタリ！〟の言葉。でも、現実は王様ではないから本当に大変！　彼は、無私の精神の人が、男女を問わず、好きだった。

私は、優しさより強いものはないと思っている。彼を知っている人なら、会っている人なら、彼の優しさを、必ず心の奥底で感じてくれていると思う。

彼が、風船で飛び立つ半年前の五月二十八日、私たちは入籍した。彼は再々婚、私は再婚、純粋に共感し合える者同志として、ともに生活するようになったのは、とても自然だった。彼は、自分の一番落着きたい所に落着くと言って、入籍と同時に私の姓にするという。これには、私は「お願いだから、親に承諾を得てからにしてね」と再三再四頼んだのにもかかわらず、自分でこうと決めたらてこでも動かない頑固さを持合わせている彼に、結局、根負けした。

この頃だったと思う。

母と私の前で、彼はいきなり笑顔で明るく叫ぶように言い出した。

「僕は、世界一幸せ者だ！　いや、宇宙一の幸せ者だ！　やりたいこと、皆できた。やらせてもらえた。本当に幸せだ！　感謝一杯！　こんな幸せ者、他にいるのかな、きっと、いないと思う！　いや、絶対にいないと思う！」

その彼が、さらにやりたかったこと。人を喜ばせたい！　人を楽しませたい！　子どもたちに夢を！　身障者、心障者に夢を！　お年寄りに夢を！　大人に夢を！　環境保護に少しでも役立って宇宙とひとつに！　可能性の追求、やる気を起こすことに役立ちたい！　皆々、音楽でしたい！　音楽で一杯に！

いろいろな夢を語るのはいいが、自分の頭の蠅も追えないで何を言うかと、いわれてしまえばおしまいだ。けれど彼は、生きることと音楽する精神がひとつになる世の中を、心から望んでいた。そのことに全力をあげていた。命を賭けていた。本当のことで役に立ちたいと、持ちきれないほどの夢を持っていた。

〝夢〟のために、バブル崩壊前の時期だったが、銀行から、家のほこり分に至るまで、融資を受けられた。その時はありがたかった。半ばあきらめていたのに、予想以上に融資を受けられて大喜びし、銀座の空（銀行が銀座にあった）に風船を飛ばし、高く上がっていく風船を、祈りながら見えなくなるまで見ていた。やがてバブルが崩壊して、形あるものはすっかり失くなった。精神だけは残り、〝夢〟はさらに強くなった。

そんな中で彼とよく話していたことに、何か難題が起きた時に心の育成をと言っても、時をかけて育てていくことなのだから、どんな時にも、心の豊かさを育くむことを忘れてはならないし、そういうことに、命を賭けて取り組む政治家が出てきたら嬉しいと。

国会議事堂の中に、どこか片隅でいいから生の音楽を聞く場所を設けて欲しい。国にとって、国民にとって大切なことを決定する時はその前に短時間でいいから、生の音楽演奏を聴いて、心を〝空〟にしてもらえたら。結果はともあれ、少しでも悔いのない方向に向けられるかもしれない。そして、そういうことが都、市、町、村にも反映されたらと。

政界でも経済界でも、トップに立つ方たちこそ芸術文化活動の活性化に、力を惜しみなく注いでいただきたい。大所高所で発想して下さる、多くの方たちのご登場を願いたいと。原点に立ち返って心を育成すること。これほど、長い時と豊かな力を必要とすることはないと思うから。日本のように島国で資源の上では乏しい国だからこそ、世界共通語の音楽で国際交流をしていかなければと。生命に満ちた現実は、それが本来どこからほとばしり出てくるかを観なければ、どんどん貧しくなってしまう。

日本でも、いろいろな所に立派なホールができているが、生かされているかというと難しい。芸術、文化が日常生活の中で、どれだけ身近なものになっているかを考えると、とても寒々しい。芸術は人間の生活に必要なもの。感性が生かされていくのに不可欠なもの。物より心の豊かさを求める傾向にありながら、実際は表向きだけが動いているように思う。でも、そういう時だからこそ、しっかりとそこに目を向けたら立ち直れる希望も感じている。

世の中において、音楽はバランスをとっていると思うし、人間にとって根源的に必要。音楽って、音楽を教育するということではなく、音楽による教育をという意味だと思う。音楽は心で聴くものだし、心を育てることが本来の音楽教育だと思うから。自分の心の奥底にある真実なものが聴こえてくるように、直観を得るためにも、自分自身ができる限り素直に謙虚でありたいと思うし、自然の中から生まれたような音（音楽）が出せたら最高！　本当の自分自身につながっていく。音楽は、何より人間の魂の表現！

教育には時間が大切。あせらずに、形を教えるのでなく、発想が形成されていく過程を体感し、自然に納得していくのを見守ることが何よりも大切。誰もが持って生まれた一体感、それがいつのまにか分散されていく。意識の持ち方ひとつで、各人の可能性は素晴らしく生かされるはず。自分自身を聴く勉強が音楽を通してできたら、音楽の本質の〝祈りの心〟につながると思う。

日本の文化の中味の貧困を嘆いているより行動しなくてはと、実行に移していた。感性を本当に大切にし、発想を重んじ、音楽がエネルギーの強化に源を持つと信じ、音楽に強い愛を持った熱い話が、彼から語られ行動しているのを見て、私は思わず、

「あなたは、自分にして欲しいことを人にもしてあげたいとよく言っているけど、音楽で心を抱擁されたいから音楽で心を抱擁したいのね。それって〝音楽浴〟の世界ね」と言った。彼は手を叩きながら、「ソレ、その言葉ピッタリ!」と答えていた。

深く悲しむ人ほど、深く歓ぶこともできると思うが、彼の父上に聞いた話で、「嘉和は、先頭に立っている時と、そうでない時の差が激しすぎる。ちょうど、洗い立てのみずみずしい、新鮮で、緑あざやかなほうれん草の状態と、それを熱湯にいれると、いきなりグタッとなる状態を思わせるようだ」と話されていた。彼は体全体で表現した人。おかしい時は笑い転げて本当に椅子から落ちたり、涙流して感激、感動し、喜びに飛び上がり、悲しい時は雨に打たれたてる坊主のようにしょげこむ。彼は、感受性が人一倍強く、すごく繊細な神経の持主だっただけに、自分の意識の奥底への旅、そこは集合的無意識で、宇宙とも、すべての人ともつながっている所。その旅を一番したかったのだと思う。

私が、彼の最も好きなところ。それは、人を信じることのできる人だから。

失敗することが大切と言っていた彼。失敗を通し、本物が見える。大切な意欲は困難を乗り切っ

て、満足、充実感等を味わい、養われる。深い思いやりは、豊かな感情、体験なしには育たない、と。

私が、混乱している時、悲しい時など、黙って抱きしめてくれた。それだけで、想いは良い方に転換した。こちらの気持を感じ取って、ただ黙ってじっと見つめて、抱きしめてくれた。それだけでよかった。そういう人。娘たちも、同じような時に同じ想いを感じたらしく、まったく同じことを言っていた。

〝すべてを包みこむ愛が、たったひとつの救済〟。抱擁された時、いつもこの言葉がこみあげてきた。逆に嬉しい時は、もうこちらがどうしていいかわからないほど、体一杯で喜びを表し、踊って喜んでくれる。生きる上で、本当に大切なのは何なのかを痛いほど知っている。

誰にとっても、それは〝愛〟。愛の最高は無条件の許しにあると信じるが、彼は、それを実践していた。

――それだけで何もいらないものはナニ？　無言の共鳴無言の抱擁――

第四章　響き

——音楽は今の世を救う愛の薬　善意の通じる道に癒したし——

ミュージックつみき

彼が、久々に我家を訪れた。玄関を開けると、大きな箱をかかえるようにして立っている。私の長女の出産祝いに訪れてから、十六年の歳月が流れていた。しばらくぶりに会う彼より、その大きな箱が何かしらと思うほど大きかった。

「これを、見て欲しくて！」と言って、開けたそれは、彼の手作りの〝ミュージックつみき〟。

子どもたちにとって、音楽が遊びとひとつになれたら素晴らしいとよく彼は言っていたが、その発想が作品になったのだと、見た途端にわかった。

音楽の教材用つみき、今までにこういうものが、まったくなかったわけではないけれど、彼の考案は、つみきの数も多く、質的にも心配りされ、興味を起こさせるていねいなものだった。子どもが引っぱれるように、車のついた手造りの木の台車。大きいから、つみきの音とともに子どもだったら、そこに乗りたいと思ってしまうのでは。大人が引っぱってあげたら、子どもは「キャッ、キャッ」といいながら、音に馴染むのでは、と想像してしまう楽しいものだった。

そして、台車の中には、これならひととおりわかると思える音符と記号の手造りのつみきが収納されていた。つみきの裏には、表に書いてある音符や記号の呼び名が書いてあり、また、つみきが音の長さに合わせてあるので、楽しく組み合わせられる。ブロックで、メロディーづくりもできる。それは、感心してしまうほど手がこんでいて、細部に至るまで心がこもっていた。

彼の主旨とする年齢に関係なく、楽しんで音符を覚えられ、親しむ土台になると、はっきり思えた。

「すごいじゃない! よく作ったわね」というと、「自分で作ったから、大きくなっちゃった」と言いながら、とても嬉しそうだった。つみきの角が危くないようにしてあって、ちょうど、角の丸い小さな食パンを見るようだった。

これを見本に、後にピアノを造る木の木片を使って量産した。音楽教室、幼稚園、お誕生日の贈り物、出産祝いにと喜ばれ、大人も、楽しくてわかりやすいからと求められていた。ただし、箱は、ブロックの数が四十九個もあるので、乗物のようにできれば、もっと楽しいが、大きすぎてしまうのと、費用がかかり過ぎるため、残念ながら、つみきの収まる木の箱になった。彼としては、いずれつみきの上面に記入されたドレミファ記号と同じ音を鳴らせるようにというアイデアもあった。

ミュージックつみきと名付けたこの教材は、幼児から使え、遊びを通じて音楽に親しむことができる。手に持って木の自然のぬくもりを感じながら、音符の長さを視覚的にとらえることもでき、抵抗なく音符や符号を読んだり、リズム符を並べていろいろなリズムを作ったりもできる。人間としての基盤ができ上がる幼児期に創造力を刺激し、豊かな情操を育て、音楽に親しむきっかけを作る。

彼はあくまでも、生きていることと音楽が自然にひとつになることを、無意識の内に表現できるようにしたかったのだと思う。

赤ちゃんの時に、お風呂で温まって出る時、ひとつ、ふたつ、みっつ、と数えるのを、ドレミフアソラシドと歌って出たりして、生活の中に音楽が自然と溶けこむようにしたら、そこには、心暖まるふれあいが生まれやすいとも話していた。

〝咲かせましょう！　才能のつぼみ〟と、呼びかけたミュージックつみきを収納する箱のふたには、彼が音符をイメージするおたまじゃくしをキャラクターにして、いろいろな楽器を各々が演奏している楽しい姿が描かれている。これは、彼がデザインして書いてもらったもので、とてもほほえましく、このキャラクターは、ミューズマークと名づけられ、マイナスワンテープの楽譜の表紙にも、テープのカバーの絵にもなった。

やがてはTシャツにもなって、そのTシャツを皆で着て、演奏したら楽しいだろうと何でも凝っていく。ミューズマークのついた紙袋も作ったりして、音楽グッズにしたかったようだ。帰ってきたら、皆が喜ぶいろいろなグッズにすることも、夢のひとつにしていたようだ。その時は、おたまじゃくしのキャラクターがもう一つふえるのでは……

きっと〝風船持ったおたまじゃくしが、ピアノの側に立つ〟と思いたい。

彼の発想の原点が形になったミュージックつみき、そこからマイナスワンテープにつながるのだが、テープを普及させるのに苦労したので、ミュージックつみきの存在は影が薄くなってしまった。でも、これはともに大きく大切なのにと、いまさらながら肝に銘じている。

――感性に素直に響く教材を　望むは遊びで音楽を知る――

ピアノカラオケ（マイナスワンテープ）

子どもたちに向けた彼のメッセージ。

おかあさまの中にいるときから／たいせつなおんがくのせかい／つみきあそびでおとをしり／

ピアノはオーケストラで　おべんきょう／バイエルからブルグミュラー／おけいこはたのしく

ミュージック・ファミリー

オーケストラの演奏で「ピアノカラオケ」。——かつてこんなに楽しいピアノ演奏があったでしょうか——と、ちょうど世間のカラオケブームも手伝ってか、彼が誕生させたピアノカラオケの評判はすごかった。まるで初めて生まれたばかりの子どもを祝うかのようで、当事者たちは状況もつかめずに周囲の勢いだけが先行してしまった感じだった。おそらく彼自身が、最も喜ぶと同時に内心びっくりしていたと思う。自分が誕生させたテープで、しかも想いを形にしたものなので、その勢いに喜び、思い切り夢に乗ったと思う。それこそ、この時は、このテープの本質的な価値を信じ、聴く世界にテープとひとつになって、空高く飛んだと思う。

電話で「聴いてね！」といわれ、〝ピーン〟ときた。彼が創案したこのピアノカラオケは、オーケストラ伴奏のカセットテープ使用によるピアノ・アンサンブルというレッスン法。テープのA面にオーケストラ伴奏付きのピアノ演奏、B面にはピアノ抜きのオーケストラ部分だけを収録（これをマイナスワンともいう）。各曲がA面を聴いて、B面にするとその曲にすぐなるようにも考案されている。

〝オーケストラとの協演！それはピアノが弾けるようになった誰もが一度は抱く夢なのではないでしょうか。その夢の実現に少しでも近づきたいとの願いから生まれた「ピアノカラオケ」が、今、新しいピアノ学習・指導法の教材として注目を浴びています〟と音楽月刊誌「ショパン」に当時半年近く連載されたのも、多くの話題を呼んだうちの一つ。そこにはこのテープを使用した先生方との座談会、そのテープを使った子どもたちとの座談会。また、受験生、音楽学校の生徒や大人が使用しての感想、私自身も公開講座、コンサートを多数行って得た想像以上の数々のメリットなどが掲載された。

その中の彼の言葉のいくつかをひろう。

《「ピアノの調律の仕事をずっとやっていたわけですが、行く先々のピアノ教室やレッスンの先生の所で、子どもたちがピアノ嫌いになって、やめていくケースにしばしばぶつかったんですよ。子どもたちが〝ピアノのお稽古はつまらない〟とはっきり言う。それでもお母様がうるさいから、仕方なく泣く泣く続けている子とか……」

「ピアノのあるお宅にもよく調律に伺ったのですが、時々〝もう、ウチの子やめたからいいの〟とおっしゃるお宅がありましてね。つまり、折角高いお金を出して買われたのに、ピアノが眠っているというケースが想像以上に多いんじゃないか。それは、ピアノを愛している僕自身にとっても悲しいことですし、なんとかもっとピアノ好きな子が増える方法はないものかと思いましてね。で、実は〝ピアノ嫌い〟の子を三十人ほど集めてホンネを聞いてみたんです」

「僕は、子どもというものは本来のびのびと明るいはずのものだと思っていますので、逆にこうたずねてみたんです。〝もし、ピアノのお稽古が楽しいものならば、ピアノやめない？〟って。そうしましたら、みな、さも当然だという顔つきで〝楽しければやる！〟と一斉に声をあげたんですよ」

「そこで、あれこれ無い知恵をしぼったあげく、ふと〝カラオケ〟という発想が思い浮かんだんです」

「私自身は、クラシック一辺倒の人間なんですが、いわゆる〝カラオケ〟方式をクラシックのピアノレッスンに応用する方法はないだろうかって考えたんです。オーケストラ伴奏をテープに吹きこんで、それを聴きながら合わせてピアノ・アンサンブルを楽しむ……」

「最初は、レコード会社に持ちこんで相談してみたんですが、先方の注文等もあって妥協したのがよくなかったのでしょう。あまり成功しませんでした。そこで〝よし、やはり自分の初心の考え通りのやり方で、自分の手でやってやろう！〟と考え直し、再出発してみたわけです。そして、それを例の〝ピアノ嫌い〟の三十人に聴かせてみましたところ、みな一斉に顔を輝かせて〝まるで、オーケストラでピアノを弾く演奏家になったみたい！〟と大好評でした。それで、すっかり勇気づけられましてね」》

成果として、実際にこの中で音楽学校に進学した子どももいたし、音楽が楽しいと皆長く続いた。

先生たちの座談会では、このテープが、〝ピアノ嫌いからピアノ好きへ〟〝オケ伴奏とともにピアノを楽しむようになった子どもたち〃の話題に集中し、子どもたちのおしゃべり会では、〃一人ぽっちで弾いているんじゃない気がして心強い〃〃音楽やってるって気がして夢中になれる〃〃ノッてくる！〃というような感想から、ピアノを弾く楽しさの原点を子どもに気づかせた！　見捨てられる不幸からピアノを救い出す特効薬！　とまで語られ、掲載された。

私は、〃ピアノを弾く楽しさを年齢を問わず、もっとみんなのものに〃という願いからこのオーケストラ付カセットテープ使用による〃ピアノアンサンブル〃という教育法を実践し、誰でもオケに合わせて、ピアノ演奏ができるシステムの普及につとめる決心をした。活動するに当たって、職場である学校の名も当然出てくるため、彼にまず話したことは、

「あなたに強く望まれたこのことは、私も信念として強く思えること。でも、動き出す前に私の恩師、そして学長にお話してからにして欲しい」と。はじめは、彼だけが伺って承諾を得てからという話だったのが、やはり私が同意していることが大前提だから一緒にという彼の意見で、ともに伺うことになった。彼は、ことの説明をし、信念を貫くために私とこの仕事をさせて下さいと頼み了解をいただいた。私は、ともに生活している家族に相談して承諾を得た。三人の娘からも、強い強い声援をもらい勇気百倍、素晴らしい調律家である彼の父上もこのことには、とても喜んで下さっていた。ブルグミュラーのテープの録音が終って、まず彼は、「父に聴かせたい！」と言った。この言葉は、今までを知っている私にとって、両者の気持になって感激した。そしてまた、テープを聞き終わった時、普段無口の父上の一言、

「私は、こういうの好きですよ！」彼の二度と見られないほどの嬉しそうな顔。

私にとって、この時の父上の口調、光景を、その後、このテープが暗礁に乗り上げそうになった

時、幾度となく想い出しては、強い励みになった。

こうして、数え切れないほどの講師会や音楽会が始まった。でも、最初電話でこのテープを聴いた時の〝ピーン〟ときた感覚が、その時は私の信念と一致したと思えても、もし本物でなければ色浅せてくるはず。そうならないとは限らない。そんな不安もどこかであった。しかし、みんなの心に美しい〝音楽の花〟が咲くならばという想い、そして、彼の発想と真摯な姿勢のもとにやればやるほど、想像以上の確かな手ごたえと、数々の素晴らしい成果を挙げることができ、私自身びっくりしていた。

ピアノの音だけでなく、オーケストラの音を聴けることによって、音楽全体が実感できる。アンサンブルの楽しさが、自然に全身でとらえられる。やさしい曲をオケに合わせるので、精神解放ができ、すっとその曲に乗ってしまえる。音楽する気持が内側から湧き起こり、テクニックがたんなる指先の技巧にとどまらず、内側からの表情をともなった、〝生きたテクニック〟にまで昇華する。音楽する気持が内側から湧いたところで、楽譜や、理論に戻って生きたテクニックへと高める。何と言っても、原点である〝音楽することの歓び〟の《原点気づかせ器》なのだと心の奥底から思えたのだった。やればやるほど、確信が深まっていく。はじめに、〝このオーケストラ付きカセットテープからいろいろ良い連鎖反応が、必ず出るはず！〟と言われた通り、確実に、現象として現れていった。

各地の楽器店の協力を得て、公開レッスンやコンサートが行われた際にも、想像以上の感動が続いた。ある先生は、ピアノに嫌気がさしていた男の子にこのテープを聴かせたら、今までにこんな嬉しそうな表情を見たことがないくらい良い顔をして「僕、やりたい！」と言ったそうで、その顔が忘れられないと泣いて話して下さった。

また、音楽教育に長年携わっていられた熱心な先生で、はじめこの方法に反対をしていられた方がご自分で使ってみて、これはやってみて初めてわかる素晴らしいものといわれ、発表会では、このテープでご自分も弾かれ、その後も、精神修業になるので、楽しい日課になさっているという。

テープで得た体感が、難しいと思われるピアノソロの曲を弾く時も、原点は同じと思うだけで、生かされてくる。一音でもいい。聴くことで、自分の思った音が出せたら、やる氣は自分自身の中から湧き起こるはず、その湧き生ずる想いを表現するテクニックこそ、音とひとつになれるテクニックこそ大切、〝自分の心を空にし、聴こえてくるものを受けるテクニック〟それを育む意味でも、ピアノを弾く人なら、単調な指の練習の教則本としてよく使われる〝ハノン〟に、まずオーケストラをつけて、聴いて練習することを彼は望んだ。しかし、他の協力者も交えて話し合い、〝バイエル〟〝ブルグミュラー〟〝ピアノピース〟の順序で生み出し、次に〝ハノン〟を、という話になった。彼は、指の練習であるハノンに、オーケストラをつけたら、ピアノを弾く多くの人々の演奏する音楽が各人らしさを出してもっと生きてくるはずと、その重要性を熱っぽく話していた。私も心からそう思い、とても楽しみにしていたのだが、ピアノピースまでできたところで経済的に行きづまり、ハノンまで進めなかった。今となっては大きな宿題を残しているわけで、これを実現するだけでも、彼は帰ってくるはずだったのに。それほど、落ち着いたらすると言い切っていたのだから。

テープで確かな反響を手にした彼は、テープで聴く練習した成果を、臨場感を持って表現できるようにと、前記した(第二章参照)ように、バックスクリーンにオーケストラの映像を映し出す〝音と映像の世界〟という企画を編み出した。これも大好評で、子どもたちや、先生のやる氣、笑顔を肌で感じ、彼のやる氣もとどまることを知らず状態で、今度は、もっと子どもたちの夢をかなえてあげたいと、本物のオーケストラとの協演を考えたのだった。しかも、相手が子どもだからといって、アマチュアではなく、プロの一流のオーケストラを使いたいというのが、彼の希望だった。彼のことだから、何が何でもやり通してしまうだろうけど、そこに漕ぎつけるまでには、やはり大変だった。でも、彼は人並み外れたバイタリティーと、意志の強さで実現へと導いた。

みんなで夢を見ようと制作したカセットテープ。広い意味での、世の中と音楽の世界がひとつになるように、音楽教育、オーケストラ、楽譜楽器業界、縁の下の力持ちである調律業界に役立てたらと、一石二鳥にも三鳥にもなるような発想を考えられたのは、根っからの音楽好き、人間好きの彼だからこそだと思う。ある音楽出版社の社長曰く——

「鈴木さんの人並み外れた非凡さは、その制作したカセットテープの内容、つまり真摯な制作態度から窺われるのである。ちょっとした思いつきから、なんていったお手軽なものではないのである」

思えば、このピアノカラオケの公開講座第一回目が行われた時、日経流通新聞が取材に来て、新聞に大きく報道され、びっくりするほどの広がりになり、とくに、東日本、中部、西日本の楽譜、楽器卸元の会社の方々の大きな協力もあって勢いがついた。新聞や音楽雑誌も強い関心を示してくれた。

ボランティア精神の強い彼は、自分が生み出したものを、わかって協力して下さるという嬉しさ、ありがたさから各地で開いてくれる公開講座は、すべて無料で奉仕した。ともに働く仲間から「有料にしては」という声があっても、彼はそれで通した。先方が公開講座およびコンサートをできるようにしておいてくれるのだからと。ただただ、テープのエネルギーが広がるのを祈り、同時にテープのコピーが作られないように願っていた。

しかし、公開講座も、泣いて感動して下さる方がいても、子どもにやらせる前に先生の方が試してみて、難しいからと頭で考えてしまわれる。子どもは見事にやってくれるのに、大人も前は子どもだったのだから、素直な心で聴くことができたら、子どもの心にもっと歩み寄れるのにと思うことが、何度もあった。またクラシック界では、カラオケ自体に今でもそうだが、違和感を持たれている時期でもあった。彼は、〝聴く〟という音へのアプローチが大切と思い、各人の聴き方を鍛える役に立ちたいと思ったのも、発想の大きなひとつだったと話している。

私はそれが最も重要だと思っている。

バイエル・アンサンブル　編曲　三枝成彰

ブルグミュラーアンサンブル、ピアノ・ピースアンサンブル　編曲　佐藤公一郎

編曲もまさに一体感があり、心から素晴らしいと思っている。

このテープは、普通では信じられないほどの大きな愛情、協力を得られた。〝ほんとうのなにか〟を埋蔵していたからだと強く思う。

テープを使用した人からステキな感想をたくさんいただいた。その中から——

「私自身が、音となってピアノから出ていく感じです。宇宙をかけめぐっています。とても良い気分です」

「テープの精神はわかってもらうまでに時間がかかるかもしれませんが、一度自分でひとつでも体感したら、絶対離れないというか離さないすごい力を持っていると思います」

「素直な気持ちで聴いた時に自然とオーケストラと自分が一体になっていました。何の無理もなく、

そういう時には心から楽しいし、弾き終ってからも気持ちが広々とするような充実感がありました」

「このカセットテープを最初に考えついた人はすごいと思います。〝あしながおじさん〟本当にありがとうございます」

彼も、大事なことを受けとめてもらえ、大変励まされていた。

つみきからテープへ、テープから夢のコンチェルトが誕生し、それによって、生きる力を取り戻したと言ってくれた人、生きている喜びを心から味わったと言ってくれた人、その姿を見て感動したと伝えてくれた人、本当に美しいものを見つけた！　と叫んでくれた人々。

〝一体感〟――これは誰もが求めている夢・理想、それを少しでも味わうことにより、本物を求める心が育つはず！　〝音楽することの歓び〟〝人生することの歓び〟を共有できること、それが、何よりものパワーをくれる、苦労も何もかも吹き飛んでしまうと彼は話していた。

オーケストラ付きカセットテープ〝小さな玉手箱〟がくれた大きな大きな贈り物だった。

――玉手箱聴く力つけて一体感を　育む教材カセットテープ――

サロン・コンサート・ハウス

カセットテープの小さな箱を通して、サロン・コンサート・ハウス〝あんさんぶる〟という重い大きな箱に流れがつながっていった。これは、彼自から強く望んでいたこと。音楽と社会をひとつにという理想のもとに、音楽する場所をつくろうというのだ。彼ならできると私も思った。場所は銀座に見つけたという。私は銀座でなくてもと思ったが、彼は、「やるなら銀座」だという。良い場所が見つかり、そこの家主さんが借主を選ぶため面接するので、私に一緒に面接を受けて欲しいと。受けた結果、

「そういう目的でやられるなら、大変結構なこと、頑張って下さい！」とのお返事。

一九八六年四月、音楽サロン〝あんさんぶる〟がオープンした。これまでの流れから見て珍しい発想だと、新聞にも音楽誌にも銀座で出されている冊子にも掲載された。

最初にとりあげてくれた毎日新聞の記事から。

《――クラシック音楽を、気軽に演奏したり聴いたり、銀座に　音楽サロン――

レコードやテープによるクラシック音楽は生活の中にとけこんでいるものの、日常、気軽に演奏したり、それを聞いたりする場所となると数は少ない。そこで「本来のサロン音楽の精神をと

り戻そう」と、東京・銀座に生まれたサロン・コンサート・ハウスが評判だ。銀座五丁目に四月に開店した同サロン「あんさんぶる」は三つの顔を持つ。昼はコーヒーハウス、ウィークデーの夜はカラオケ・パブ、三つ目が本来の目的であるコンサートやパーティーのための会場としての貸し出し。クラシックな雰囲気の店内は約六十人が収容できる。グランドピアノが置いてある。しかし、パブ営業中も「クラシック音楽が演奏できる店」という雰囲気が、ウデにおぼえのある人をピアノに向かわせる。「演歌の合間にクラシックが聴けて、それを皆さんが楽しんでいらっしゃるようで、これがうれしくて」と鈴木さん。演奏者が望めばピアノ用カラオケのテープを流す。ピアノの演奏部分を除いたオーケストラ演奏テープで、鈴木さんの発案。もとはピアノ調律師の鈴木さんが、クラシック普及のために四年ほど前から始めたのがこのミュージックテープだった。テープはバイエルやブルグミュラーやその他の名曲が収めてあり、ピアノ練習の無味乾燥さを救ってくれる。というわけで、鈴木さんが最も期待しているのが土・日・祝日のサロン・コンサートに有効利用されること。「せき一つできないホールのコンサートの演奏会よりも、グラスを傾けてのんびり聴けるサロンの方がずっといいと思いませんか」と。ケーキと紅茶だけの子どもの音楽発表会や、企業の演奏家招待のパーティー（サロンコンサート、公開レッスン、公開講座）などに利用されている。》

なお音楽誌「ショパン」にも、「上品でクラシカルな店内。グランドピアノが自由に使用できる（使用料、調律料は無料）〝あんさんぶる〟は大人と子どもが一緒になって音楽を楽しむ。そんな暖い光景も、実によく似合う」と。

また、銀座の老舗専門店と文化的活動をしている協賛企業で出されている冊子「銀座十五番街」

には何度も載った。
《日曜日になると、ちょっとおしゃれをした子どもたちが集まるピアノパブがある。店の名前は〝あんさんぶる〟。子どもたちはこの店で催される自分たちのピアノの発表会に来るのである。経営者の鈴木嘉和さんは、ピアノ調律師としては業界では知らぬ人はいないほどの有名人である。日本でも有名な調律一家に生まれた。祖父がヤマハの創業者と歩みをともにし、父もその後をついで調律師として活躍し、叔父も兄も調律師という。いわば日本のピアノとともに歩いた一家である。鈴木さんは「調律は仕事だと思わない、芸術だと思っている」人である。現在、関東近辺の音大を卒業する専門家の卵は毎年一万人。大学を卒業してピアノ教室を開いても生徒が少なくなってきた。マンツーマン方式教育が理想のこの世界では、人数が少ないことはよいかもしれない。しかし、いざ発表会の会場探しとなると困ってしまう。何人かの先生方が組んでするのだが、市や区のホールを借りるには人数が少なすぎるし、ホテルを借りるには高すぎてしまう。そこで鈴木さんのお出ましとなる。事情を熟知している鈴木さんは、六十人程度の需要に応えられる自分の店を発表会場として提供した。ここならば時間を気にしないでゆっくりやっていいし、終わったらおいしいものを食べながら反省会をやってもいい。本当の目標はクラシックを映画音楽や演歌やポピュラー並みに、楽しめるものにすることにある。》
彼は、ポピュラー音楽には、空間の隔たりや体制の違いを越えて、人々を共通の感情に結びつける力がある、クラシック音楽もそうであるはずといつも言っていた。
《音楽大学学長のモーツァルト公開講座が、〝あんさんぶる〟で催された。講座の題名は第一回目は〝映画アマデウス・モーツァルト毒殺説〟　第二回目は〝モーツァルトと女性〟。そのアカデミックさにおいて、銀座のお店での企画としては今のところ今年最大のものではないだろうか。学長はモーツァルト研究家としては第一人者で、モーツァルトに関する著書が多数あり、評論部門で文部大臣賞を受賞しているほどの氏。モーツァルトという人物像も、音楽とは違った面で興味深く感じられ、微に入り細に入りの講演で、満席の盛況だった。》

モーツァルトに関心を持っている人はもちろん。音楽にあまり興味のない人でも充分楽しめる内容にと彼がお願いし、学長はご多忙にもかかわらず快諾下さった。大衆性とアカデミックさを調和させた、画期的なカルチャーイベントとして本当に大好評だった。他にも、一流人をゲストにコンサートが数々催された。また、この場所があることで、彼自身も講師の立場になって、ともに公開講座も開いた。

この場所を、無私の精神の彼だからこそ、世の中の役に立てる方向へ必ずや向けられると私は信じた。私自身、まったく余裕はないのに、父親の遺産を、目に見えないものを大切にすることに投資しようと覚悟して、音楽する場所〝あんさんぶる〟は始まった。私は、無私の精神の人に託すという信念から、一切経営に関しては立ち入らなかった。〝あんさんぶる〟という場所からは、彼の努力が実って信念も果たせたかわりに、彼が一生懸命やればやるほどその力が欲しいと、いろいろな所から、引く手あまたに誘いがかかった。もともと自分の力を認められると、誘いに対して断り切れず、何とかしてやろうと純粋に考えてしまう人なので、どんどん引き受けていった。人間関係もまさに複雑になっていった。こうなると思っていなかった私は猛反対した。そのことを初めて知った時、税理士の先生も同席している所で、先生も驚くほどのものすごい大喧嘩をしたことが、一度だけある。その時だった。相談相手をそこには選ばないのが普通なのかもしれない。でも、私は後に悔いのない選択をしたかった。それには、詮索、偏見のない素直な純粋な気持で答を出してくれる人を望んだ。それは、私を最も愛してくれている年老いた母と、娘たちだった。即、答が返ってきた。彼を知る母も、娘たちも「鈴木さんを信じましょう！」。私は、今でもあんなに大変な時に選んだ相談相手を間違えていなかったことに感謝している。彼が頼まれてしたことは、コーヒーサロン、パブ、雀荘など。ほかに万博の出店も。

彼は、魂だけは決して売らないから信じて欲しいと私に宣言していた。でも、山のようにいろいろなことが起きる。これでもか、これでもかと。広げた分だけ、いいニュースより悪いニュースがたくさん入ってくる。私は、時にはふらつきながらも原点を想い起こし、彼は魂は売らないはずということだけを信じた。それをさらに支えたのは、母と娘たちの信頼だった。

彼らしさを表わすエピソードは数限りなくあるが、彼はテープのことをやっている時、経済的に苦しくて、自分の歯を直す治療代にかけるものがあったら、信念にかけると言って治さない時があった。ある時、仲間の先生に、コンサートや公開講座など公の席で彼が話す時、息がぬけて聞き苦しいから歯を早く入れた方がいいと言われたことがある。その時、黙って、ただ、ポロッと一粒の涙をこぼし何も言わなかった。それを聞いて、痛みを感じた私は、仲間の先生に怒ってしまった。その後彼は、自分の体なのに、自分の体はひとつしかないのに、口の中に入れてはいけない強力接着剤で歯をつけていた。しばらくの間、止めても止めても頑固に続けていた。「大丈夫！　死にはしないから」と言って……。

また、彼が調律に行って〝ピアノはいいけど大きいからお荷物で、部屋の模様替えをしたい時困ってしまうし、移動してもらえばその度に余計なお金がかかるから、手放そうかしら〟などという言葉を耳にすると、その人の身になってしまい、何とか一人で動かせるものを作れないだろうかと考え、結局、一人で動かせる移動ジャッキを作り上げた。それができた時も、「見て見て！」と嬉しそうに実践してくれた。

また〝あんさんぶる〟での料金について、周囲の人たちにそれでは安過ぎるといわれても、銀座で皆が気楽にできる範囲を絶対に超えたくないと、お客さまの立場に立ってこれでいいのだと頑として譲らなかった。その精神が、銀座で脚光を浴びて人気を得たのだと想う。だいぶ後になって、周囲の意見で値段を上げた時、それは顕著に表れた。

その他、諸々の彼の精神を見てきた私は、人間である以上、欠点は誰にもあること、それ以上のものを彼に観たのだった。だから、起こったことが、みな勉強だと思えた。

たくさんの喜びと悲しみを生み出した、銀座〝あんさんぶる〟が閉じる最後の時、始めに面接を受けた家主さんにお会いした。

「本当に、良いことをしていらしたのに、残念ですね。是非、続けて欲しかったです」とねぎらわれた。それだけでも、理解してもらえてありがたく、内心〝これが答だ〟とかみしめた。

この場所を見つけた時の彼の喜び、ここでこそ、子どもの発表会ができる、サロン・コンサートもできると、目をキラキラ輝かせて、やる気満々だった。ふり返っても、あのような場所であのようなことができ、小さいながらも、文化の発信地であったことに感慨を抱くと同時に、彼が〝ここだ、ここしかない〟と決心したことは合っていた、としっかり思える。

――音楽と社会をひとつにあんさんぶる　望み大きしひたすら努力――

ミックスコンサート

誰でも、素晴らしい感性を持っている。でも、それがなかなか素直に生かされていない。感性が素直に生かされているのを観る時、とても幸せな気持になれる。逆に、素直な感性が詮索されたり、偏見から曲ってとられたり、先入観で誤解されたりするのを観るのは、感じるだけでつらいこと。何とか、素直な気持で、本質を観ることはできないだろうか。音楽を通してどうしたらこの願いがかなえられるかと、私はとくにこの頃考えていた。

テープに始まり、夢のコンチェルトによって、素晴らしい一体感を体感し、サロン・コンサート・ハウス〝あんさんぶる〟へと連鎖してきたはずなのに、どうも乱れて広がっている。バランスがくずれている。原点を大切にしてきたのに、何で乱れ始めたのだろう。こういう時はどうすればいいのだろう。きちんと原点に戻さなければと思った。彼の素朴な魂もどうしたらそのまま伝えられるか、真剣に想っていた。ちょうどその時期、日頃、私が信念としているテーマに沿ってコンサートを主催して下さるというところが現れた。タイミング良く、想いを形にしていただけるなんて、信じられないほどありがたかった。私自身としては、自然に、だけど真剣に考えていたこと。蓋をあけてみたら珍しいことのようにとられて、いくつか記事に取り上げられた。

「思想、科学、芸術を一体化させたミックスコンサート」「音楽と講座で精神世界追求イベント」とか、タイトルもさまざまだった。

私としては、一体感を求める発想から、世界を大別すると、思想、科学、芸術の三大世界に分けられると想う、この三つをドッキングさせ、人間は一人一人何ができるかを、ゆっくり思索するチャンスを作れないものかしらと考えたのだった。そして、すべてもとはひとつという一体感をもとに、集まった方々とともに人間の本質について考えるという音楽と講演を組み合わせ、ミックスコンサートの企画をたてた。恵まれた機会に感謝して、皆さまとともに本質を求めるひとときになれば幸せと努力した。講演の部分は趣旨にふさわしい方にご協力を仰いだ。宗教思想家・ひろさちやさんは、まんだら思考──あるがままにみる──「まんだら大宇宙」をテーマに〝心の時代といわれる現代を仏教思想を中心にして話すつもり。聴衆との対話も準備します〟と。

そして、工学博士・日本ロボット学会会長・禅仏教の研究から独自の〝自在発想〟の境地を開かれている森政弘さんは、ロボット博士。説き明かす原点の発想〝非まじめのすすめ〟をテーマに科学者の立場から〝非まじめとは、不まじめとは違った臨機応変の生き方をモチーフにしようと思います〟と。

音楽を真の意味で聴くには自分を〝空〟にしなければできない。私は、そのトレーニングをさせてくれ、オーケストラと一体感をもてる〝音と映像によるピアノカラオケ〟の演奏をした。曲目は、〝私にも弾けそう〟と思える親しみやすいものを選んだ。

その結果、当日（一九八八年九月十五日）の模様、批評が「サンデー毎日」のグラビアにピアノカラオケの映像の写真とともに次のように紹介された。

《――講演、音楽、映像のミックスコンサートってナニ――

音楽と映像、そして講演の三つを一体化させた演出の中で、集まった人たちが人間の本質について考える――。こんなユニークなコンサートが開かれた。企画したのは石塚さん。「人間の原点という意識の上に立って、思想、科学、芸術を考えたかった」という。何か堅苦しさを誘うようなプログラムだが、いざ始まってみると、午前中、午後各講演とも、軽妙な話術で拍手や笑いに包まれ、石塚さんの演奏曲目も誰でも知っているものを選ぶなど、会場は終始、和やかな雰囲気に包まれた。石塚さんのピアノは、スクリーンに映し出されたオーケストラと共演する形式だったが、これは、ピアノ教育に情熱を傾ける石塚さんが、「誰でもオーケストラと共演できるシステム」として普及につとめている〝ピアノカラオケ〟を〝形〟で表したもの。「ピアノの音だけでなく音楽全体を実感する事。そして内側の表情をともなった音楽こそ、人間らしい気持を持てるはずです」と話す。さて、午前中のひろさんの講演では「曼陀羅《マンダラ》には、悪物や餓鬼もいる。しかし、すべてが仏です。人間は本来仏。浄土から人間社会に修行に来ているのです。修行が終ると再び浄土へ。どんな人でも一％の仏心があり、人間の心はすべて同じです」と、独特の仏教論を展開した。初めのうち、講演、映像、音楽のジョイントという演出に、戸惑いをみせていた会場の人達も、次第に催しの趣旨に溶けこみ、二時間があっという間に過ぎ、講演後の石塚さんのピアノ演奏〝花の歌〟で、心にゆとりさえ感じたよう。

午後からの森さんの〝非まじめのすすめ〟は軽妙洒脱の話し方で、科学者の立場から人間の心を説いた。「不まじめと非まじめは、異なる。人間は誰でも無意識のうちに非まじめさを持っており、発想や研究は、非まじめから始まる。善、悪は一体であり、善を転じると悪になる」と、ユーモアたっぷりに語りかける。舞台の上を自由に動き、スライドや映画も使い、フルートの演奏も聴かせて、退屈させない。そして最後を、石塚さんのピアノとフルートの共演〝アヴェマリア〟でしめくくった。和やかな中にも一本筋の通った催し。一本の樹に例えるなら、幹は思想（石塚さんの主張）枝や葉は講演や映像。そして、大地は会場を含めた人間社会、を表現した催しだった。》

舞台にいて、何か非常に暖かいものが客席から伝わってきた。私の望んでいた〝一体感〟を感じることができた。それは、このミックスコンサートにいらして下さった方々のアンケートを読ませていただいても強く感じられた。素晴らしい温かいお話が、音楽があることによって体の中に染み通っていったと望み通りの言葉も多くあった。中には、主催者宛に後から送られてきたていねいなアンケートへの回答があった。

「この会を企画され、実行されたことに賛辞と感謝を送ります。私は、常々人間は客観と主観と思想（知、情、意）がなければいけないと思い、私の生活の中に取り入れていきたいと考え、完全とは参りませんが実行しているつもりで、今回の催しが毎日新聞にあった記事を見て参加させていただいたわけです。そうです。一体感、これは人間の生活、行動の中で何より大切なものです。それは上手とか下手とかを超越した人間的喜びがあるからです。（略）」さらにこの方は主催者に向けて、「一人一人がバランスのとれた教養を持ち、そして人間同志の一体感がもてることを理想とした主催者に声援を送ります」と書かれていた。

この企画が実現できたのは、科学技術館パスピエ会という主催者があったればこそで、聴きにきてくれた方の中で主催者に声援を送って下さったことは、私にとって深い喜びだった。

「週刊朝日」では、〝講演と音楽が一緒になった夢の講演会〟と嬉しい表現をしてくれた。私は音楽が好きで、ずっとともに生きてきたが、哲学や思想にも非常に興味を持っていた。そんなところから、どの世界も原点はひとつと強く思っていたので、その心の奥の想いを形にして下さり、本質を求めるひとときを多くの方と共有できる機会を与えて下さった主催者に、そして、そのことを明確にすることに大きなご協力をいただいた両先生に深く感謝した。さらに私にとって、音楽の上でこの想いとひとつにできることを生み出した彼に喜びを伝えた。彼はこの時もずっと手伝ってくれていて、会の最後に謝辞を伝えたく、舞台の上に上がってもらい、会場の皆様とともに「幸せなら手をたたこう」を体で表現しながら歌ったりして、会の終わりを暖かく結ぶことができた。

彼は、このミックスコンサートを手伝いながらも、聴き、見て、短く感想を述べた。

「はじめは、何でこんな難しそうなことをやるのかと思った。でも、今日終わって、何でこういうことをやったのかが、よく分った！」そして、もうひとこと言った。「どうもありがとう！」

後に、ひろ先生が、「仏教コミックス」全一〇八巻（ひろさちや原作）の第一巻に挿まれた通信の中で、私がスクリーンに映したオーケストラでピアノ演奏をしている時のことを話して下さった。

「石塚さんのオーケストラ演奏によるカセットテープを使うピアノ・アンサンブルは、ピアノ上達のための練習方法と思えたのですが、全然違いますね。大きな音の世界に飛び込んでもらうためのもの。大きな生命の世界に飛び込むものといえばわかってもらえますね。最後にピアノを弾きながら石塚さんが泣いておられたのですが、その姿を見てわかったのは、真言密教でいう〝観法〟、即ち〝メディテーション〟（瞑想）ですね。普通の坐禅は心を落ち着けるとか精神統一みたいなものですが、〝観法〟は曼陀羅を目の前に置いて、自分がその曼陀羅の世界に飛び込んでいき、逆にその世界を自分の体内に取り込んでくる。ちょうど水の中でスポンジを絞ったり離したりするように、それを繰り返すように曼陀羅の世界を合一するというのが、真言密教の考えなんですね。石塚さんの言っておられるのも、オーケストラの音の世界に自分がピアノでもって飛び込んでいき、そしてまた音楽の世界を自分の中に取り込んでくる。そういうひとつのメディテーションじゃないかと思ったんです。

曼陀羅の世界に飛び込んで、ひとつの法悦というか喜びを味わう。逆にその喜びが、今自分が生かされているという感謝につながっていく。ある意味では反省の心をもつことも一緒です。仏教ではそれを懺悔といいます。坐禅をしなさい、観法をしなさいといってもなかなかできないですが、それがアンサンブルを使ってピアノの好きな人ならピアノでやる。曼陀羅の世界に飛び込んでいって、一日のうち一回でもいいから、そういう世界に合一できた喜び、石塚さんの言われる一体感ですね。真実の世界にぴったり重なった喜びを味わう事。それは仏教の世界でいう、お念仏、観法、坐禅だと思うんですね。万能の天才弘法大師空海が生きていたら、観法をやるのに石塚さんのやっているアンサンブルみたいなものを使ったかもしれないということです」

このミックスコンサートは続けてどんどんやって欲しいとか、東京だけでなく各地でもとの声があった。思った以上に反響が大きかっただけに、あまりにも自然の流れに沿って実現できた肝心の私自身が、もっと勉強してからと思い、全部ではないけれど、その時は退いてしまった。こんな大それたことができたのも、あの小さなカセットテープの玉手箱が、私の心に火を点けたのだった。

――もとはひとつみなで味わう一体感　魂いかすミックスコンサート――

調律

年に一度は調律を!

彼の考案したマイナスワンテープは、調律の大切さをわかって欲しいという願いも強くこめられていた。注目を浴びた当時、このテープが大きな意味を持つ調律との関連が、日本ピアノ調律協会会長と彼と私の鼎《てい》談で音楽誌「ショパン」に掲載された中から、彼の想いが言葉になっているところを抜粋してみる。

鈴木　日本のピアノ及びピアノ学習者の普及率は世界でも有数なわけですが、一方ではここにきて学習者のピアノ離れ、ピアノの売れ行きの頭うちといった傾向もぼちぼち表面化しはじめていますね。で、この問題をつきつめていくと、結局一般に、ピアノに対するあらゆる面での知識不足とか認識の甘さにぶつかるわけです。子どものために無理して買ったのはいいけれど、あずけた教室の先生がたまたま通り一遍の教え方しかしなかったり、子どもと相性が悪かったりすると、子どもはだんだんピアノ嫌いになっていく。母親は高いお金を出してくれた父親の手前もあり、「練習しなさいッ」とただガミガミいう。そのうちレッスンがおざなりになっていく。子どもは母親の手前、母親は父親の手前、先生は月謝の手前ただ何となく続けるだけで…そうなると可哀相なのはピアノですよ。子どもは乱暴に弾くし、ホコリはかぶりっぱなし、調律なんか全く念頭におかないから、音が狂ってきても知らん顔で。…ピアノの教え方にしても楽器としてのピアノの扱い方にしても何とか改善していかないと大変な事になる。

会長　結局、戦後の日本に共通する現象だけど〝ハード先行・ソフト欠落〟の弊害なんじゃないでしょうか。ピアノも生産台数やピアノ教室数ばかり誇って、肝腎の調律に全く無知だったり、子どもへの教え方に創意工夫せずにきて…本当に困ったものですよ。

石塚　〝ピアノへの愛情〟を自然に持つようになってくれることを願っています。ピアノって本当にたくさんの美しい音が出せるし、弾きこなせるようになれば、自分の感情とかイメージとか心とかを思いのままに自己表現できますでしょう。美しい演奏は聴く人の心を和ませ、快く楽しませてくれる。ピアノのそうした素晴らしさを身を持って納得すれば、自ら愛情も湧くだろうし、そうすればピアノを乱暴に扱ったり、ピアノ離れはなくなると思うんですよね。

鈴木　同感ですね。私も子どもの頃に先生と連弾をした時の嬉しさとか、音楽学校でまがりなりにもクラシックの名曲を弾いていた歓び、それが忘れられずに音楽の世界に入りまして、それから調律に興味を持ってその方の仕事をやり始めた。ところが、仕事で行く先々のお宅や教室で、どうもピアノ嫌いの子が多いような気がして何故だろう？　と考えたわけなんです。そうしてこれは〝音楽としてのピアノの楽しさ〟を味わわせない学習法がいけないのじゃないかと感じ、オーケストラ伴奏のカセットテープ使用によるピアノ・アンサンブルのレッスン法を創案したわけです。

石塚　〝ピアノは一台でオーケストラが出来る楽器〟だともいわれておりますよね。ピアノでオーケストラのように出来ることへの大前提として、オーケストラ伴奏のカセットテープを用いるレッッスン法は大変有効だと思いますね。他の楽器への関心を持つようになるし、孤独感もなく、楽しいし……

鈴木　オーケストラ演奏の音を音の一つの基準とするレッスン、これは音感教育に通じると考えます。音の狂いの分かる耳こそが、音感教育の第一歩じゃないでしょうか。

会長　オケと合わせて音の狂いを見つけることもできるでしょう。これは、調律の問題にも大いに通じる。車には車検があり、人間には人間ドックがあるから安心できる。年に一度はピアノを調律していただきたい。ピアノを健康に長生きさせるためにもです。

石塚　調律のすすめも、〈ピアノカラオケ〉のすすめも、音楽をピアノを通してよりよく楽しむための原点を気づいて欲しいということです。子どものうちから、調律の大切さや、オーケストラ演奏の楽しさなどに気づかせることが、やがて〝音楽の心〟を我が心とするような音楽を愛する人間を生むことになる、そう信じていま努力しているつもりです。

会長　ピアノが楽しくなれば、当然ピアノ離れは防げますね。〈ピアノカラオケ〉という名称に反発する人もいるかもしれないけど、心ある人たちは必ず意のあるところを理解してくれますよ。私は全面的に賛成です。もちろんハードの面でもソフトの面でもまだまだ改良改善すべき点はあるでしょうが、この方向は間違ってないと思いますね。数年間使われただけで死蔵されているピアノが何百万もあるんですよ、日本には。不幸なピアノだと思いますね。そういう不幸なピアノを救い出してすべてのピアノが快く生き生きと鳴ってくれるためにも、今からでも遅くはないから子どものうちにピアノへの知識、認識をしっかり培いたいものですね。

石塚　ピアノという自然な深さのある素晴らしい楽器を心の友として、子どもたちはもちろんのこと、年齢に関係なくピアノの楽しさをわかって、皆が生かされていくことに努力したい……。

鈴木　〈ピアノカラオケ〉という名称がどうのこうのでなく、より本質的、大局的な面からのご意見をどしどし聞かせていただきたいですね。

会長　〈ピアノカラオケ〉が、ピアノ離れ、ピアノ嫌いに対する特効薬になることを期待しています！　調律との関連のこと等もそうですが、いろいろ良い連鎖反応が出ることを期待していますよ。

彼は言っていた。調律を頼まれて行った時、ピアノの調子によっては、長い時間かけなければ良い状態にならない時がある。そんな時でも、時間をかけないでやって欲しいと言われてしまう。調律し終った後に、ちょっと弾いてもらって喜んでいる姿を見ただけで、とても嬉しくなってしまうのに、それもなく、ただ義務的に調律をしているだけというのを見ると、本当にやり切れない気持になると。だから、年取ったら、本当にわかってくれる人のピアノを大切に大切に調律したいなあと一人言のように、でも真実をこめて言っていた。

彼の調律を心から素晴らしいと、いつも頼まれていた今は亡き方のお言葉。

「鈴木さんは、全身全霊こめて調律する。調律された音も絶品だが、調律している姿にほれぼれする。そして調律された音は、その瞬間はもちろんのことだが、後になって良くなる。これは一体何だろうと思う。音魂だ！　答は、全身全霊こめているからとしか思えない」と、最高の賛辞を惜しまず話された。

彼は、この賛辞に、心からの喜びを体一杯で表していた。そして、こう話していた。

「父親が、調律とは、後で良くなるような調律でなければ本当の調律ではないと言っていました。

それをわかって下さって本当に嬉しいです」と。

前に、私も生意気ながら彼に同じようなことを言ったことがあって、その時彼はとても喜んで父親の話をしてくれていたので、彼の尊敬する人にしっかりとそう言われて、心の中は想像を絶するくらい嬉しかったと思う。良い音楽が表現される時、演奏者、調律師、どちらが欠けても成立しない。調律師はどんなに素晴らしい調律師であっても、一般的にはスポットが当たる仕事ではない。調律師という仕事の大切さ、大変さをわかる彼にとっては、コンサートの時のプログラムには、縁の下の力持である調律師の名前も必ず書くべきだと言って、実践していた。音楽を愛し、ピアノが好きな彼は個々の楽器の持ち味を出すように、ピアノの方から望むことをよく聞き、ひとつになったところから調律していたと思う。まーるい潤いのある魂のような音、心がふくらむすごく幸せな気分になる音、まさに〝音魂〟を感じ取れる音だった。彼に調律師特有の忍耐力、耐久力、包容力、暖かさ、独創力をともに仕事をしていて観ることができた。

マイナスワンテープの録音の時のこと。彼は録音スタジオもできるだけ気持のいい所を選んだ。能率的に録音しなければ費用も大変なので、まずオーケストラから録音し、その後、残された時間でピアノをということになった。私は、このテープの主旨である、「楽しく素直に」が伝わる音楽でなければという使命感と、録音は残る怖さがあるのにこんな短時間で無茶なという思いと、でも長時間になったら費用がかかるという思いが皆一緒になって、頭がパニックになっていた。人の気持をすぐ察する彼のこと。ミキサー室からマイクを通して、スタジオ内でピアノを弾いている私めがけて「死ぬ時は一緒だ、頑張って！」と皆がいるのに突然叫ぶ。私は私で「何言ってるの！　人の気も知らないで！　誰があなたとなんか死ぬものですか！」と弾きながら言い返していた。後で考えると何ということだろうと苦笑してしまう。

この録音が終わって前にも記したように彼はまず父親に聴かせたいと言った。聴かれてすぐに嬉しいお言葉が聞けてほっとしたせいか、録音風景が話題になった。父上は、ケンプを始めとして来日した偉大なピアニストのピアノ調律をなさり、コンサートや録音についていた時のことを語られた。あれほどの方たちがコンサートもそうだが録音を非常に不安がられて、いつも側にいて欲しいと言われたそうだ。それくらい録音は神経を使うと。

「どういう状況であろうとそれは嘉和が悪い！　演奏者の心を汲んであげるのが調律師の役目だ」とおっしゃって下さったのだが、この話は、私には本当におそれおおい話で穴があったら入りたいくらい恐縮してしまった。

その次のテープの録音の時。前の件で父親からの話が彼の心に入りすぎたのか、スタジオに着いた途端、ビックリ。ピアノのまわりを私の大好きな薔薇の花で飾り、まるで薔薇の園を想わせた。「僕にはこういう形でしか手伝えないから」と彼は言った。経済的に厳しいのをよく分かっているだけに、つらさと喜びで胸がつまってお礼を言うのがやっとだった。

この時の薔薇の花は、特別にエネルギーを与えてくれた。そして、録音中、私の心の解放のためにダンスを踊ろうという彼、見えない心の緊張をほぐしてくれる彼の気持が嬉しかった。私はかねがね調律師って偉い!!と思っていたが、さらにその思いを強くした。

彼は、どんなことをやる時でも体当り！　そして命がけ、これではいくら命があっても足りない。だからこそ生命力が増されるのかしら！　そのエネルギーできっと、私たちは調律されているのだ。

——調律は縁の下の力持ち　見えないだけに貴重な芸術——

第五章　感謝

――魂がひとつになるまで待ちたかった　自分で思えるその日がくるまで――

音楽浴

三人の娘たちは、音楽が好きで、おのおの最良の師にも恵まれ、音楽高等学校から音楽大学へと音楽専門の道に進んだ。学校は、本人たちがおのおの希望校を選択した。専門分野は長女はピアノ、次女は声楽、三女はヴァイオリンと、これも本人たちの希望で自然と決まった。

彼が大空に風船で飛び立つちょうど一年前の一九九一年十一月に行われたソニー・ミュージック・エンタテインメント主催の〝ザ・ニュー・アーティスト・オーディション〟（クラシック音楽を基礎にした新しいタイプの音楽を目指す登竜門）で、三姉妹で最優秀アーティスト賞をいただいた。長女のつけたトゥリオレ（フランス語で三連符という意味）という名で。この時の模様は、読売新聞の記事にもなったが、全国から応募した二千八百四十組の中より、一次予選、二次予選を通過、さらに全国決勝で十一組に絞られた中に残り、最終審査でいただいた賞。彼はもちろんのこと、三姉妹の父親も八十八歳の私の母も応援にかけつけ、皆大喜びした。これまでにも、三姉妹でテレビ、ラジオに出演したりしていたが、この受賞の翌年のお正月にはＮＨＫテレビで〝私たち新音楽人です〟という番組に出演した。この時は、今は解散してしまったクライスラーカンパニーや、ピアニストのブーニンも出演していた。その後、大きく成長するためにと、ポップスのみのライブを何度かソニーで企画して下さった。彼も母も、必ず聴きに行った。

その間も、それまでも、ファミリー（三姉妹と私）の演奏を頼まれれば出演していた（大会社の「ゆとりシンポジウム」の中でとか、ファミリーコンサート・チャリティーコンサート等数々）。三姉妹は、ある意味では完全にクラシックから離れてやってみた結果、やはり自分たちの求めるものはジャンル分けされるものではないと強く思ったようだ。ちょうどその頃、彼が風船で飛び立って一年余が過ぎようとしていた。六年前のミックスコンサートをして下さった主催者からお声がかかり、ひろさちやさんと再び、講演と音楽の機会が与えられた。ひろ先生や周りの方たちから今度はお嬢さんたちもご一緒にといわれ、ひろ先生と私たち母娘でということになり、その時の紹介が「音楽の友」にこう書かれている。

《——愛のハーモニーを奏でて〝いのち〟との対話——
音楽が人間の精神生活に大きな影響を及ぼす事は言うまでもないが、演奏とお話で人間の〝いのち〟について考えてみようという会が開かれる。宗教思想家のひろさちやさんと〝石塚ファミリー〟母娘だけで組んだユニークなアンサンブル。折しも今年は国際家族年。どのような心の宇宙を見せてくれるのか、とても楽しみだ》

このイベントも、意図していたものでなく訪れたもの。この自然のなりゆきがありがたかった。

一九九二年十一月に、彼が冒険に出てから、自分で自分が立ち上がれるのを見つめて四か月、さらに周囲の人の愛を受けながらも、一九九三年は心がしっかりするのに要する年だった。

一九九四年に入って、明治時代の香りを残して現存する日本最古のホテル〝日光金谷ホテル〟（創業一八七三年）で、ファミリーのヴァレンタインコンサートを依頼された。聖ヴァレンタインの記念日、この日愛する人に（とくに女性から男性に）贈り物をする。偶然ではあっても私は彼にファミリーの音楽で贈り物をすることができることを心からありがたいと思った。この日は、大自然からのおまけもついた。二十五年ぶりの大雪で、まさにドラマティックな幕開けだった。

そして、五月には「いのちとの対話」のミックスコンサートへと続いた。私の一体感への発想から、あの当時、彼の普遍的な精神を素直に理解してもらいたいと思うことが、発想の原点になったミックスコンサート。初めてやった時の反響の大きさ、もっと続けてやって欲しいと言う声に、自分自身がたじろいで六年経ってしまった。しかも、今度はファミリーでできるこのありがたさ！　この時のタイトルは、主催者の提言で〝いのちとの対話〟。この流れにも運命を感じ、ありがたかった。

この時期は、三姉妹も一体感を求めての音楽に、さまざまな体験とともに心の旅をさせてもらった。三姉妹をずっと見ていて下さったソニーの方が、これを機会に私も参加して母と三姉妹で活動するように言われた。誰にでもできるわけでない貴重な試みだし、音楽の大切さを広めるために、クラシックでもないポップスでもない層にファミリーの音楽で貢献を。また、0才児からお年寄りまで広い層にファミリーの音楽はとても大切といわれた。実現できたら、一番先にご自分が泣けてしまうだろうと、それはそれはもう筆舌に尽くしがたいほどのバックアップをして下さった。

私は、ファミリーで依頼された時は今までも演奏してきたものの、完全にグループで活動開始となると、躊躇してしまうものがあった。でも、ここまで応援されてはと、今まで三姉妹で〝トゥリオレ〟というグループ名で活動していたのを、〝トゥリオレ・ファミリー〟にして、ファミリーをとればいつでも〝トゥリオレ〟で活躍できるのだから、とありがたいお言葉を受けた。

この一九九四年八月、夢のような出来事が起きた。三姉妹が幼い頃からともに毎年聴きに来ていた（軽井沢プリンスホテルで行われる）軽井沢音楽祭の出演が決まったのだ。最初、その話があった時、ただただ運命的なものを感じ、天にも上る心地だった。

〝点・線・面〟がつながるのを深く喜んだ。三姉妹が、一体感ある音楽をと自ら望むきっかけを創ってくれて、音楽の世界で生きる喜びを与えくれたこの音楽祭。彼も、「ここでできたらいいね」と言っていた音楽祭。それにしても、ファミリーという一体感でできることになるなんて、少し前までは思ってもみなかった音楽祭。この深い喜びは、私も三姉妹もまったく同じだった。コンサートが終わって軽井沢での夜に、娘たちはしみじみと言った。

「本格的に、ファミリーで活動し始めたのを知ったら、ズーが一番びっくりすると思うし、一番喜ぶと思う。ズーがやりたいと思ってたことだから、この姿を一番見てもらいたいわね」。

その夜は、一段と星の美しい夜で、きらめく星を見ながら、本当につねってみたほどだった。アンコールで演奏した〝星に願いを〟が届くように祈った。

折しも、一九九四年は国連国際家族年。この機にファミリーとしてスタートを切れたことは感慨無量だった。

この後も、地元の東京都小金井市主催で、会館が完成しての祝賀コンサートやら、また、軽井沢でロータリークラブ主催のコンサートがあった。母も、ファミリーの音楽で文化の花を少しでも咲かせることになるから、私の父親も天できっと喜んでいると、しみじみと話していた。母は、コンサートの時は常に一緒に来てくれて、ファミリーで活動するようになったのを、ことのほか喜んでいた。

この年の最後のファミリーでのコンサートは、ヴァレンタインコンサートで幕開けした、日光金谷ホテルのクリスマスコンサートだった。日本一背の高いクリスマスツリーに点灯する前に行うロマンティックなコンサート。ホールもすべて木で囲まれているせいか、音がとても気持良くともにいる感じで、木の精、音の精、皆ひとつになっている心地良さを感じる。コンサート終了後、天に向かって祈りを届けてくれるかの如く背の高いクリスマスツリーに点灯するのだが、まさに祈りの気持一杯になる。明治の香りを伝え続けている心意気を深く感じ入るホテルで、演奏をその後何回も続けられたのも幸せなことだった。

人の〝想い〟をじっと見つめた時、〝時〟が答を出していく。この〝国際家族年〟に本格的な演奏活動のスタートを切った私たちファミリー。

音楽という目に見えない、だけど魂と融合していく世界。現実的でないと言い切る人もいる。でも、すべてが必ずひとつにあるように思う。気づくことは、感謝、愛、祈りにつながる。

その音楽を、三人の娘もクラシックで勉強し、クラシックをベースにした音楽で賞をとり、その後、完全にポップスの音楽をやってみて、いろいろ体験した結果、クラシックをベースにして、ジャンルを超えた音楽、それをファミリーで、まさに一体感のところでできるよう、〝愛〟のおぼんに運ばれてきた。〝想い〟は、見えないのだからどこに運ばれて行ってもおかしくないのに、これが、大きな意味でひとつになるよう、調律されていく。

私にとって、〝音楽浴〟とは一体感の発想から生まれた言葉。一体感は、生まれた時、皆持っている。だから、そこから生まれた言葉は自然なことと思う。目では見えない音楽を通して一体感を育んでいきたい。その世界は、彼も「その通り！」と言ってくれた〝音楽浴〟の世界。私たち人間も自然のひとつ、音楽を浴びて原点を見られたら、音楽を浴びて感性を生かせたら、生きることと音楽がひとつになれたら、音楽で抱きしめられたら！

私たちは〝音楽浴〟という真の意味をもっともっとわかるように調律されていく。いただいた大きな愛を大きく生かすことができるようにと。このことに深く深く感謝して、彼が旅に出て二年目の一九九四年の幕は下りた。

——音楽浴みんなが気持よくなれる　原点忘れず祈りのこころ——

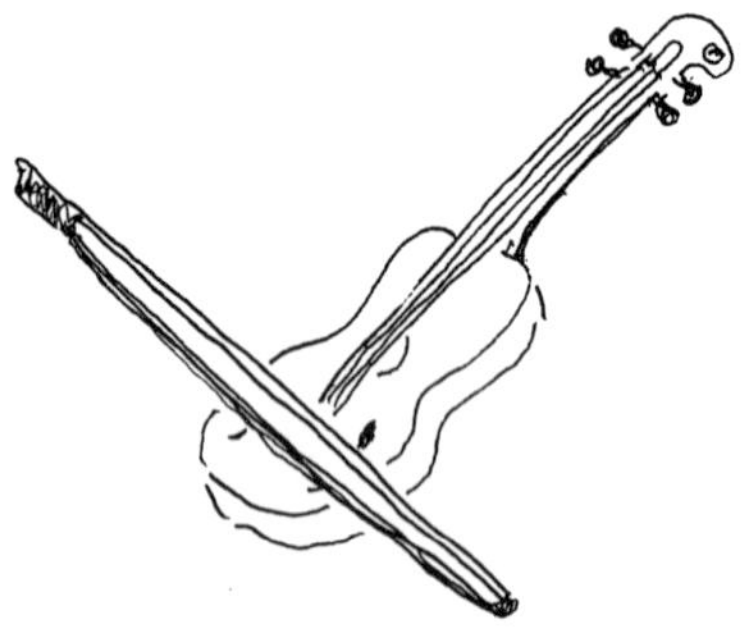

旅立ち

一九九五年、彼が旅立って三年目を迎えた。ファミリーのコンサートは続いた。企業の文化事業としてのコンサートができたり、地元の市が友好都市にしているアメリカからの使節団を迎えてのコンサート、湖畔の側に静かにたたずむ野尻湖プリンスホテルでのコンサート、また、〝日曜音楽広場〟という三十分ラジオ番組にも出演することができた。

この年、何と言ってもありがたかったのは、ソニーのインディーズレーベルからCDを出してもらったことだった。プロモーションビデオも作って下さった。ところが私は、CDの話が出た時、時間をかけたいという気持から、躊躇してしまった。なみなみならぬ応援をずっとし続けて下さっているソニーの方に、

「じっくり進めることも大事だけど、勢いをつけることも大事ですよ」と言われた。その方の言葉は強く印象に残っていて、何かにつけて思い出し、すぐ躊躇する私の性格の良薬として飲ませてもらっている。何をするにも〝一体感〟が実感できないと、心の底で何か違うという叫びが聴こえてきて、心を決めてことを起こすのに時間のかかる私を見抜いてのお言葉だった。ありがたかった。

CD制作が決まり、中味の話になった。はじめは私の発想であったが、三姉妹の助けもあってラ

イフワークとして暖めていたものに決まった。それは女性作曲家の作品集だった。男性も女性も人間同士ということでは一つなのだが、日頃おのおの感じ方、表現のし方に異なる面白さを感じていた。おのおのの本質がバランスよく生かされたら、世の中もっと生きやすくなるのではと、自分が長い間勉強してきた音楽の世界をふと省みた。学校の音楽室に掲げられている音楽家の写真も皆男性、自分が勉強してきた曲も音楽学校の生徒が勉強している曲もコンサートで演奏される曲も男性作曲家の作品がほとんどと思った途端、感性探しの旅を始めた。想えば、彼が大きな夢を見ようと話してくれた頃と、その感性の源をわかりたいと思った時期が、一致するような気がする。

私の行っている音楽大学の図書館は、大学の努力のかいあって蔵書にも恵まれたすばらしい所。そこでまず調べ始めた。ところが、この分野では、他より群は抜いているものの当時は少なくて、楽譜として手に入れるのも難しいことがわかった。外国から取り寄せても、忘れた頃に送られてきたり、なかったり、やっと送られてきた中には、「本当に埋れていたのだわ」と愛しくなってしまうほど古びていたりするものもあった。長い時間をかけて調べた結果、女性の作曲するものには、発音する際に女性の間での共感があるという発見だった。ある男性が、私たちの演奏を聴いて、「男性作曲家の作品を〝山〟とたとえるなら、女性作曲家の作品は〝海〟のような気がする」と話していたが、それこそ自然界には山も海もあるのだから、男性も女性も原点を見つめ合ったら、魂はより生かされるはずと、夢はふくらんだ。

そして女性作曲家の作品だけでCDが誕生した。私たちファミリーとしては、今まで埋れていた作品を親しみやすい形で伝えていきたいとの信念を持って、コンサートでも積極的に取り入れた。

そういう時、ファミリーの価値観がひとつであることがありがたかった。演奏する側が魂をひとつにできないとしたら、良い波動にはなり得ないわけだから、私たちはそこでの努力は惜しんではならないと強く思っている。CDの録音は良いスタジオで、素晴らしい方たちに恵まれて、まさに〃愛〃を誕生させていただいた。この、目では見えない〃愛〃に応えたいとCD完成の時も心から感謝し、身をひきしめた。このような作品のCD化は、日本で初めてなので、新聞、音楽誌に取り上げられ、ファミリーだけで女性作曲家の作品ばかりをCDにしたのは世界でも初めてと言われた。

後に寄せられた感想から、このCDが多くの人の心の癒しになっていると知り、本質が少しでも伝えられた喜びをかみしめ、彼に報告している。CDが誕生した時、愛に運ばれて想いが形になったこのCDを持って、今年こそ絶対に実行しようと思ったことがあった。やっと、そういう気持になれたと言った方がいいのかもしれないけれど……。

一九九五年十一月、彼が飛び立って三年目に見送って下さった方に案内をお願いして、飛び立った場所〃琵琶湖の水辺〃に立った。見送った方が話して下さった。彼が地上から離れた瞬間、触れそうになった木のことを。そのよけ方を見ていてすごい集中力だと思ったと。その木が、私には眩しく映った。飛び立った場所に、目を瞑って立った。そこに立っているだけで足元からエネルギーが湧いてくる。足元からスーッと頭上にぬけていく〃氣〃を体感した。なぜ、あの時ここに来なかったのだろうと自分に問う。強く信じていたから、帰って来ないなどと微塵も思わなかったから。〃氣〃の強い場所、ここから飛んだのだから生きている。そうとしか思えない。

私は、この場所に来るのが怖かった。けれど、来てよかった。本当によかった。生きて、私を迎えにきてくれると、しっかり信じられたのだから。帰りの琵琶湖の美しさは忘れられない。大きな夕陽、その輝かしい光に紅葉した木々が湖を背にして踊っている。素晴らしい景色、水、色、光、そして〝氣〟が一体になって、今日という日を祝福してくれているかのよう!

彼は風船で飛びながら、空からの電話で、「こんなに美しい朝焼け見せたいよ」と叫んでいた。私は琵琶湖の水辺で、「こんなに美しい夕焼け見せたいわ」と、心の中で精一杯叫んだ。大自然の美しさは、運命を信じるのに充分すぎるほどだった。私は信じる。勇気をくれた今日、私の中で何かが大きく変わっている。輝いている。この愛をありがとう! 自然とひとつになれた気がする。彼は自然とひとつになれる人。必ず帰ってくる!

うす暗くなっても湖は光輝いていた。娘たちが琵琶湖に行く時に〝お供に薔薇の刺繍のついた紺色の手袋をズーの代理で送ります〟とプレゼントしてくれて、身につけて出かけた。帰りの琵琶湖の美しさを、案内していただいた方が書き記して下さった。

《或る晩秋の　昼下り　近江路の　湖畔の紅葉に、遙かに望む比叡山を　眼下に夕陽が射していました。

自然が創り出す一瞬の　芸術作品はカンバスに　描かれた画伯の名作を陵駕し　人間の心を魅了するファンタジーの世界を　かもし出していました。装い豊かな美女が自然に　花を添え一つの想い出を　残して去りました

静かな水面に　裏を見せ　表てを　見せつつ　散る一枚の美しい　モミジ葉が　ありました。》

そして、彼に贈る歌を、色紙に書いてきて下さった。

〔嘉和君　思慕〕
　　風船に子供心の夢賭けて　笑顔残しつ悔いは残さじ

持ってきたCDの音楽は、すべて彼へのファミリーからのプレゼント(CDのジャケットの絵は三姉妹と私が一台八手の連弾を演奏している後姿をこの一年後に長女の夫になる人が描いてくれた)。

「あなたも母もとくに大好きな〝乙女の祈り〟に始まって、最後に〝乙女の祈り〟の答えとして作曲された〝かなえられた祈り〟で結んだのよ!」と報告した。

この年のクリスマスは日光だけでなく、夏の音楽祭と同じく、毎年、クリスマスになるといつも娘たちと訪れていた軽井沢プリンスホテルのクリスマスコンサートにファミリーで出演することになり、またまた夢のようだった。九十二歳の母もともに来て楽しみ、音楽のクリスマスプレゼントにとても喜んでいた。

彼が飛んで四年目の一九九六年を迎えた。三月にサントリーホール(小)で、ソニーが私たちファミリーに自立への旅立ちのコンサートをしてくれることになった。大きな旅立ちとともにファミリーグループ名を改名した。三姉妹で結成した〝トゥリオレ〟、国際家族年を機に、私も一緒に活動するようにと言われて〝トゥリオレ・ファミリー〟。いつでも私は抜けられるようにファミリーをくっつけただけ。そういう精神ではいけないといわれ、皆で考え〝ファミローザ・ハーモニー〟と、さらなる飛躍を祈って変えた。家族そろって心ひとつに音楽ができることだけでもありがたいのに、このような形で迎えられることを感謝してこの日に臨んだ。プログラムにはありがたいお言葉をいただいた。

《――「母と三姉妹・愛のアンサンブル」に寄せて ――

いつも新鮮でユニークなアイデアにみちた音楽づくりを試みておられるお母さんの由紀子さんが加わって、ファミローザ・ハーモニーの活動は、さらに多彩で多様な楽しさを増してきているようです。
私個人の音楽の世界は、いつもなんとなく堅苦しくて、専門の過去の世界の中を遊泳していますが、一番現在的な、楽しく、心踊る軽やかな響きの世界にも憧れています。そんな音楽の世界を、さらに一層広げて行って下さる期待とともに、コンサートの成功を心から願っています。

海老澤　敏

「母と三姉妹の愛のアンサンブル」

ひとつのファミリーで最も有名な音楽グループと言えば、「サウンド・オブ・ミュージック」のフォン・トラップ大佐一家でしょう。その音楽の楽しさは、ブロードウェイ・ミュージカルでも、ハリウッド映画でも、いつまでも変わることなく、みんなに親しまれています。
日本のファミリー・アンサンブルとして、活動を開始したファミローザ・ハーモニーは、ピアノ、ヴァイオリン、ヴォーカル、パーカッションなどの様々な組合せで、ぼくたちの耳を楽しませてくれます。
今回のコンサートでは、今までのクラシックの枠にとらわれない、優しい、愛にあふれた音楽を、必ずや聞かせてくれることでしょう。

三枝　成彰

「ファミローザ・ハーモニーへの期待」

音楽の最大の楽しみは合奏（アンサンブル）にある。古来生まれた名アンサンブルの中にはメニューイン兄妹、カサドゥジュ夫妻、ラヴィク姉妹、トラップファミリーなどが記憶にある。石塚ファミリーは、母と三姉妹という面白い組合せでいつも息の合った、心温まる演奏を聴かせてくれる。

親子きょうだいは同じＤＮＡ（遺伝子）を共有するから、体の中からでてくる音感やリズムやテンポが自然に一致するので良い演奏ができるという。

そして最近になって、細胞内のミトコンドリアという独立の遺伝子を持つ粒子は、母から娘に伝わり、女系をたどって遺伝することがわかった。（男の精子はミトコンドリアを持たない。）つまり、人類の正統は女系ということになる。

美人ぞろいで全員正統のクラシックの教育を受け、楽器の持ち変えも出来るのは三重の強みである。きっと肩のこらない心温まる親しめるクラシックをふんだんに聴かせてくれることだろう。

龍角散会長　理学博士　故藤井康男》

この旅立ちのコンサートの様子が音楽月刊誌に掲載された。

「第一部が〝温故知新〟～日本のうた・心のうた～今年九十三歳になる祖母に捧げたオリジナル曲も披露された。続く第二部はなんと〝八手の乱舞〟二台のピアノを四人で、さらには一台のピアノを四人で演奏する興味深い場面も。第三部は、〝未知への誘い〟～女性作曲家の作品を集めて～、そして第四部は、〝魅惑の扉をあけて〟～スクリーン・ミュージックファンタジー、なじみの映画音楽を次々と歌い、演奏するなど、たっぷり魅了された二時間であった」と。

ここにも書かれたように、私の母の長寿の誕生日(丁度このコンサートのあった三月が誕生日)プレゼントに長女が作詞作曲した〝私のおばあちゃま〟を演奏した。病気一つせず、いつもコンサートを聴いてくれた母が、この年に入って急に調子が悪くなった。もしかしたら、この私たちの旅立ちのコンサートが最後になるかもしれない。当日、ホール一杯のお客さまに恵まれ、最前列に親戚に囲まれて聴いてくれた母、舞台の上から無言の会話をした。「コンサートで聴いてくれるのは、これがきっと最後ネ！」と涙ぐんでしまった。お陰さまで、良い時に大きなプレゼントができた。

恵美子（長女）

私のおばあちゃま

しずかな　しずかな　海のように／あなたの　笑顔は　私を包む
おおきな　おおきな　山のように／あなたの心は　私を守る
私の大切な母を産んだ人／すべてを愛し　許して　あなたはほほえむ
時が運んでいく喜び悲しみ／深いしわに刻んで　あなたはほほえむ
やさしく　輝く　月のように／あなたの笑顔は　皆を包む
いとしい　私のおばあちゃま

信じられないような状態で勢いがついたまま、多くの方のお陰で迎えられたこのコンサート。その中でも、素晴らしいエネルギーを私たちファミリーに向けて、この何年間か無償の愛を注ぎこんで下さった方がいた。旅立ちのコンサートを、舞台の端でずっとわがことのように見守って下さっていた姿が心にはっきりと焼きついている。恩返しは、この方が私たちファミリーに託した音楽に対する想い、人間愛を私たちが使命感を持って臨み、信念を持って実現していくことだと思う。

旅立ちが続き、この年の夏長女が結婚した。心の中で、どれだけこの日に彼の帰りが間に合うようにと祈ったことか。

ファミリーの心のふるさと軽井沢で結婚式は行われた。この夏も軽井沢音楽祭に出演できたので、そのコンサートを前夜祭にして、音楽で旅立ちを祝った。翌日の挙式当日は、浅間山がくっきり全貌を一日中見せるほど晴れわたる好天に恵まれた。前夜の音楽祭のコンサートも聴き、この日の挙式、音楽あふれる披露宴にたくさんのお祝いの方々がご出席下さった。ホテルの方たちにも、身内の結婚のように暖かくしていただいて、こんなに幸せなスタートが切れたことは側で見ていて夢のようだった。三人の娘の父親も、もちろん、出席した。終わってから、今回の一連のことを面倒見てくれたホテルの方が、「今までいろいろな形式のお祝い事を見てきたけれど、こんなに暖かい雰囲気で一貫していたのは初めてだった」と素直にしみじみと語ってくれて、私の心をより一層薔薇色にした。

軽井沢を心底愛していた私の父親、まさか子どもたちが、そして孫たちまでがこれほどまでに愛するとは思っていなかったのでは。父母の代からの想いの流れを深くかみしめた。長女の着たウェディングドレスは、私の姉が私のために三十四年前に心をこめて作ってくれたドレス、深い愛情のこもったドレスを私は大きな茶箱に入れてとっておいた。長女は、私の花嫁姿の写真を見てこのドレスが着たいと言い出し、変色を心配したが、開けてビックリ！　待っていましたかのように真っ白だった。想いのこもった愛のあるドレスを着た長女の花嫁姿に感激もひとしお。彼も帰ってきたら、「軽井沢で結婚式しようね」と言っていたので、長女が軽井沢でどうしても結婚式をしたいと言ったことは、私にとって嬉しかった。長女の夫は、彼とは大の仲良しになれそうな人で「また、同志が増えてとても楽しいから早く帰ってきて！」と呼びかけた。

——尊き無償の愛で旅立ちを　ありがたきこと夢のようなこと——

命の連鎖

彼が旅立って四年目の秋を迎える。四という数字からこの秋にはもしかしてと、期待をしてしまう。期待が大きいと外れた時、ガックリくるので、あまり期待しないでと自分に言い聞かせるのだが、何かことある度に彼の直感力、集中力、生命力ならこんなことがあってもあんなことがあっても大丈夫と思えてしまう。心にマイナス要因が起きないで四年間が過ぎてきたことも大きい。夢自体あまり見ないのだけど、時々夢に現れる姿はいつも満面笑顔で元気！

この秋にはまた、サントリーホールでメモリアルアート大野屋主催でコンサートを開くことができた。心の文化を大切にする企業があることは音楽を社会とひとつにと願っているだけに本当にありがたいこと。企業の応援による機会を有意義なものにしたく、埋れていた女性作曲家の作品で一晩のコンサートを埋めつくした。日本では初めて演奏されるという曲がほとんどだったが、親しみやすい曲、素晴らしい曲も含めて、親近感を持ってもらえるように努力した。そのかいあって、画期的なコンサートと大好評を得た。この《母と三姉妹の奏でる女性作曲家の世界》は、毎年続いている日光金谷ホテルの日本一背の高いクリスマスツリー点灯コンサートでも演奏して欲しいとリクエストがあり、嬉しかった。そのほか、地方での大ホールでのコンサートや、意義あるコンサートがあって、四年目を終える時期に、急に思い立って一人でカナダ行を実行した。私の親友がカナダの大学で教鞭を執っていて、前から誘われていたのだが、そろそろ帰国の時期になるから必ず来るようにと言われた。彼女は、カナダの大自然の中で自分が感動したことをあなたにも味わわせたいと言ってくれて、その言葉にしびれてしまった。それと、彼に会えるような気がした。風船で飛び立って高さは違っても、同じ気流に乗って行けそうな気がした。ある方がロッキー山脈の麓にいるのではと夢のようなことを言ってくれた。私にとって同じ方向へと思うだけで充分すぎるほど気持はかきたてられた。飛んだ季節も近く、温度に関しても同じ体験に近い気がして、親友の誘いは嬉しかった。私がどうしても行きたくなるほどまでに心を虜にした言葉通り、親友はすべての時、気持、行動をプレゼントしてくれて、これ以上、悔いなく過すことは不可能と思うほどの体験、感動を与えてくれた。お陰で、たとえようもない広大な大自然の中で、彼の魂とさらにひとつになって、身心ともにまっ白になった感じで帰ってきた。

春の訪れとともに初孫が誕生した。長女の夫が生まれた病院の協力の許に、音楽出産をした。皆、集まっていても頑張るのは本人。お腹の中で頑張ってこの世に誕生しようとする赤ちゃんのためにも音楽が励ましになる。無事誕生への祈りを込めて生演奏を実行した。長女は時間がかかった末に帝王切開だったので、演奏する方も半泣きしながら祈る気持で音楽を贈り続けた。「オギャア、オギャア」という声を聴くと同時に〝ハッピーバースデー〟の演奏に。女の子誕生。きれいな赤ちゃんだった。長女は難産で大変だったが、病院の方で「そろそろ音楽のスタンバイして下さい」とか、手術室のドアも開けて、演奏が良く聴こえるようにして下さるとか、積極的に協力して下さって母子ともに幸せだった。音楽が生きていることとひとつになる人生のスタートが〝愛〟でかなったことを、彼が一番喜ぶと思い、心の中で報告した。初孫の名は、長女が考えた名前、夫と長女の精神、アートと音楽からとって「彩音《あやね》」、いろどる音。私たちファミリーがお世話になっている方が、誕生を祝って歌を贈って下さった。

幸福《しあわせ》の音楽贈るファミローザ　彩音加わり春の幕あけ

彼が旅立って五年目の一九九七年は「生と死」が順番に訪れた。九十四歳になった最愛の母が、一か月違いで、ひ孫とバトンタッチするかのように他界した。三月九日孫誕生、四月七日母他界、九十三歳を迎えるまではすべて健康だった母は、コンサートはもちろん、どこへでも一緒に行った。わが家では母が体験していないことをできるだけさせてあげたいと、母が望めば年齢に関係なく、ともに行動した。母は素直だったので、行った場所で皆に愛された。子どもたちはもちろん孫たちにあれほど愛された人はいるだろうかと思えるくらいに皆、母のことが大好きだった。この一年間は入退院を繰り返したが、生命力の強さをしっかり教えていった。自分ではお琴を弾いたりしたが、何より音楽を聴くのが好きだった母の側には、家族の協力で病院でも常に音楽があった。生演奏も含めて。また、童謡、抒情歌など、歌うのが好きだった母とともに歌い続けたりした。母が寝る時は、私が幼い時に子守歌を歌って寝かせてもらったように、今度は私が歌った。病院の入院中の皆さんに生の音楽がお役に立てたらと日頃思い続けていて、今までに演奏したこともあったが、今回母が入院しているにあたり感謝の気持を込めて、皆さんに聞いていただく機会を持った。病院側も、入院中の患者さん方も大変喜んで下さった。二度目はクリスマスで、院長先生がサンタクロースの恰好をなさって雰囲気の盛り上がったところで楽しくコンサートを行った。皆さまの快復へ祈りを込めて――音楽でお役に立てることは私たちにとっても幸せなこと、皆さまがとても喜んで下さり、こちらの方が感謝の気持で一杯だった。音楽が、祈り、愛、感謝と思って聴いてきた母、私はこの意志を何よりも大切にしていきたいと、安らかな死を迎えた母の顔を見ながら改めて誓った。

皆で母らしい葬儀をしてあげたいと、前年サントリーホールにおけるコンサート主催者〝メモリアルアートの大野屋〟のホール（小平）においてお通夜も告別式も美しいお花に囲まれた中で、ファミリーの演奏による音楽葬。三人の娘の父親である禅宗の住職の読経と、多くの方のご会葬をいただいて行われた。桜の花が最も美しい時を少し過ぎ、花びらがヒラヒラと風に舞いながら散り始めた時期に往ったのも、自然体で生きた母らしかった。出棺の際は、皆の希望で、長女が祖母のために作った「私のおばあちゃま」を演奏し続けた。皆のでき得る限りの深い愛で母を見送れて、本当に良かったと思うし、三十七年前に他界した父も喜んでくれたと思う。自分の母親のことだが、素直に言いたい。「母の死は、とても美しかった」。抱きしめてくっつけた頰はヒンヤリと冷たくて……。思い返せば、この入退院を繰り返していた時も母と言葉をかわす内容は元気な時と同じ本質的なこと。最期まで、そこで心を通わせられることがたまらなく嬉しかった。人の中から湧き起る良い想いが、そのまま素直に伝わるよう、目では見えない音楽で祈るようにと伝言していった母、それを命をかけてやった彼の想いを一番良く理解して、彼の素直な意志を伝えるよう私に頼んで逝った母。彼のことは、毎日毎日祈っているからと。病気になって動けなくなっても「祈る」仕事があると言い続けていた。心に染み入る音楽が大好きだった母。人の教育に〝霊育〟を忘れないようにしなければ、魂は人の心の奥底にあるものだからとよく言い、よく話し合った。母の心の中では、宗教と音楽はまさにひとつだったのだ。

私が、演奏会でピアノを弾く時、いつも母が首にかけていた、小さな小さな観音様のお軸。汗をかいたこともあっただろうと思う。それは、くしゃくしゃだった。それを見せてくれ、話してくれたのはずっとずっと後のことだった。母はそういう人だった。その時、私は心の中で誓ったのだ。母のその心を大切に大切にしようと。

彼も、母の心が大好きだった。

母も、彼の心が大好きだった。

その心の懸け橋役が私にできるか、母は私の心にとどまり、私は日々叱咤激励を受けている。

三月に誕生した孫とこの世でしっかりバトンタッチして四月に逝った母。母らしい！

彼が飛んで五年目の結婚記念日を迎えた。彼が帰ってきた時に、小さな、だけど本質を伝えられる、一体感を味わってもらえる場所を作っておきたいとファミリーで話した。彼の良さは教育者として充分に生かせ得る。とくに今のような混迷の時代の子どもたちを思うと、今こそ彼自身が発揮できると思えてならない。もちろん彼なら、子どもたちだけでなく年齢に関係なく、生きていることと音楽をひとつに導くことができる人。ちょっとえらそうな名前だが〝ローザ芸術学院〟と名づけ、ピアノ、声楽、ヴァイオリン、ソルフェージュ、コーラスと、中味は彼を中心に皆でできることを掲げた。スケールの大きい彼にふさわしく命名して、小さいけれど可愛い看板を、長女の夫の父親が作り、立ててくれた。「あなた！　帰ってきたら院長先生なのよ！」

よく音楽談義をしていた中で、私たちの音楽に対する心の姿勢は〝音楽浴〟の世界なのよネ！　と言った時、「ソレ、その言葉、ピッタリ！」と言っていた彼。その話をある方に伝えたら「その言葉の真意が伝わるまで、商標登録をとるべき」と半信半疑の私にその方向へと勧めて下さった。その必要があるのかしらとしばしば思いつつ三年経って忘れかけた一九九七年八月八日「登録された」と連絡が届いた。〝音楽浴〟の意が真に生かされるように自然体で努力して、彼に報告したら、精神が形になるのを面白がりながら喜んでくれると思う。

彼が旅立って五年目を迎える秋の訪れとともに、心のふるさと軽井沢に行った。「PHP」の〝性格の柔らかい人・強い人〟という特集に取材をといわれた。私にとって一体感を感じる場所で、〝家族の一体感が生れるとき〟というテーマで取材を受けたことに何か運命を感じる。私は彼のことを伝えたかったのだが、中途半端にならないように、彼の精神も含まれたこの軽井沢が原点になったファミリーの音楽活動の様子が主になった。まさにファミリー音楽へのきっかけ、想いが誕生し育まれた所、そしてファミリーの心が形となり活動の拠点となった軽井沢プリンスホテルその場所での取材だった。秋晴れの日が続き、芝生に座って、抜けるような青い大空をじっと見ていた。

大空をずっと見ていると、大空高く飛び立った彼の気持がよくわかる。きれいだったろう。言葉では言い尽くせないくらい、素晴らしかったろう。彼の味わった感動は、幾生分にも相当する。風と雲とともに大自然と一体になって、大きな力に身を任せて飛ぶ。そういうことのできた彼を誇りに思う。余計なことは考えなくていい。もう、心の中でも泣かないで待てばいいのだ。彼がしたことは私もしたいことだったと、五年経って初めて心から思った。さっきまで彼を思い出して泣いていたのにいつの間にか嬉し涙に変わっていた。いま泣いた烏がもう笑ったとはまさしくこのこと！

——澄み渡る果てしなく続く青い空　涙も吸いこむ程の大きさ——

点・線・面

一九九八年、彼が旅立って六年目を迎えた。信念を持ってやってきた女性作曲家の作品の発掘を、幸運にも共同音楽出版社が楽譜にして下さることになった。前々からの望みだった。埋れていた作品を多くの方に知ってもらいたくても、楽譜がなければ広がりが限られてしまう。今、すぐに広まるというようなものではないが長い目でみて必ず役に立つと思えるので、ステイタスとして出版して下さるという。それにお応えするためにもファミリーで必死になった。はじめ、そこまで思い入れするつもりではなかったはずがどんどん夢中になっていった。日本で初めてという責任も感じていた。一、二巻一緒に出版するということで、まず十二人の女性作曲家をピックアップして、三十曲を選択した。

出版された楽譜の〝はじめに〟のメッセージ。

《心の豊かさが求められているこの時代に私たち家族―ファミローザ・ハーモニーは、生きることと音楽をひとつに、音楽浴を通して、演奏活動を続けて参りましたが、魂の世界に目を転じる時、国境、人種、風土を越え、それぞれの時代の中で、そこに生きる人たちを慰め励ましたであろう女性作曲家たちのオリジナリティーに富んだ、美しく感性あふれる名曲の数々が、あたかも古代遺跡に眠る宝石の如くキラキラ輝いているのに気付き、本書で紹介させて頂きました。女性が活躍しにくかった時代の背景の中で、楽譜も思うように残されていないことがわかり、長い時をかけ、感性に忠実に選曲いたしました。いろいろな想いを描きつつ、音楽の神髄とその琴線に触れ、豊かな時の流れを感じて頂けるなら、編者の望外の喜びです。》

女性作曲家の作品の多くの曲には、シンプルな中に身体から生れ出ずるものが強く感じられ、本質的なところで共感が湧き、私たちファミリーは虜になっている。印刷された楽譜からも少しでも生きた音楽が感じられるようにとの願いを込めた。長女がコンピューターで手がけたので、その思いを取り入れることができたように思う。まず、間違いがあってはならないので四人の八つの目で何度も見直し、弾くことでさらにおかしいところがないか見直し、それを繰り返しているうちに期限は延びてしまったが、出版社の暖かい姿勢から、私たちなりの愛情の強い想いだけはこの本の中に収められた気がしている。

日本初の出版ということで、楽譜集は多くの専門誌に紹介された。この曲集の中に、今日まで人々に親しまれ続けている「乙女の祈り」もあるが、彼はこの曲がとても好きで、こんなことを言っていた。クラシックの人は同じ曲を何度もコンサートで弾こうとしない。ポップスの世界の人はヒットしたらずっと歌い続ける。聴衆もそれを望む。生きているということは絶えず成長し続けていくこと。その時、その心で同じ歌を歌い続けていくことに共感が湧き、励まされる。「君も、〝乙女の祈り〟をずっとどこでも弾き続けてみない？」と問いかけられた。彼の発想したカラオケテープには、彼の好きな「乙女の祈り」、「花の歌」もオーケストラ付きで入っている。母はこのオケ付き「乙女の祈り」が大のお気に入りだった。

楽譜集が完成した翌月の六月、なぜかわからないけど無性に高い所へ行きたかった。

「東京タワーに行こう！」

平年より早めの梅雨入りの日、日没を前にして東京タワーはすっぽりと雲の帽子をかぶっている。視界の悪さにもかかわらず地上一五〇メートルの大展望台には、人々が溢れている。高い所へ行きたい。彼の飛んだ高さに少しでも近づきたい。

東京に住みながら、滅多に来ることのなかった東京タワーだが、この塔が見えると胸がキュンとなる。大学三年の時、癌で亡くなった父の最後を迎えた病院は東京タワーのすぐ近くで、父の病室からこの塔が手に取るように見えた。存在感の大きかった父の早い死。その悲しみとまばゆいばかりのタワーの輝きが、あまりに対照的だったことを覚えている。そして、それから三十二年後、東京タワーのよく見える一室に、長く滞在することになる。この時も、心の中とタワーの輝きは対照的で、タワーのパワーが欲しくて、タワーを見て祈り続けた（彼の冒険帰りをホテルで待っていた時）。あれから五年経った今、私は雲の中にいる。一五〇メートルの大展望台ではかろうじて見えた景色も、さらに一〇〇メートル高くにある特別展望台では何も見えない。時折サーッと雲が動き、地上の灯が見えたと思うと、それも一瞬にして雲の中。山の高さを考えれば決して高くないはずなのに、地上が見えた瞬間、ものすごい高さを感じる。少し揺れている。揺れを感じた途端、抑えていた涙がとめどもなく流れ、しゃくりあげそうになる。雲の中とは言え、ここには私以外の人々がいる。雲の中にただ一人、体ごと浮かんでいるのとは違う。これでまっ暗だったらさぞかし淋しかったろうと思うと涙が止まらない。一時間ほどそうしていたのだろうか。ふと、人々の声が気にならなくなり、館内に流れていた軽快な音楽だけが、耳に入ってきた。その時雲の中に、いるはずもない彼の姿があった。

「踊ろうよ！」

時々しか会わなかった私たちだが、会えばよく踊った。「とらわれないで！ 行けるところまで行こう」というのが、彼の口癖だった。とらわれていては雲の中で踊れない。それを言いに彼は現れたのだ。途端に、私の体に覆い被さっていたおもりがスーッととれて、どうなったのかと自分で自分に問いたいくらいに、力が抜けた。そうだ！ 雲の中で何にもとらわれないで彼と踊ればいいのだ。ここに来た時とは比べものにならないほどに軽くなった体で、雲の向こうに深く一礼した私は展望台を降り、雲のすっぽり包まれたタワーを見上げながら、人通りの少ない道を後向きに歩き出した。この景色は前月に完成した楽譜の表紙のようで、ファミリーがピアノとともに広い空にとらわれのないまま浮かんでいるのだが、その光景に彼が加わっているようで、とてもファンタジックに映った。

八月は、夏の軽井沢音楽祭に三度目の出演が決まった。ホテルの季刊誌に写真とともに嬉しい文章が載っていた。

軽井沢プリンスホテルでは、もうお馴染みの顔、母と三姉妹の奏でる心地よいメロディが、体ごとどこか別天地へ運んで行ってくれそう。と宣伝されていた。

八月二十一日、翌日の音楽祭出演のため、軽井沢に来て、この日五十八歳を迎える彼のお誕生日を、ケーキを求めファミリーで祝った。想えば、彼が旅に出て一九九四年二年目の夏に軽井沢音楽祭第一回目の出演、両親がこよなく愛した軽井沢、そしてそれは後に続く者に確実に受け継がれている。三人の娘たちは幼い頃から軽井沢プリンスホテルで毎年行われていた、夏の野外コンサートもある音楽祭で育ったと言ってもいいくらい。皆の愛する地で、一九九六年に二度目を、そして一九九八年に三度目が実現する、これは、彼に調律されていないとはとても思えない。それとも、おみやげが先に届いているのかしら！　ある青年に言われた。

「こんなに心ひとつになっている家族って、奇跡ですよね」と。

私たちとしては、ごく自然にやってきたことだからそう言われても「はあ」と思っていた。彼は今、ここにいない。だけど、一番大きな顔して大きな態度でここにいる。たしかに強い絆で結ばれている家族だと後からしみじみ思った。

この年の十月には、私たちの住む小金井市政四十周年で、市の友好都市アメリカから市長方がお祝いに見えるというので歓迎コンサートをした。好きな市に音楽の花束で祝えるしあわせ。六年目の十一月二十二日の夜は前述したように、文化放送でドキュメンタリー番組「ファンタジー号に乗って——あれから六年・消えない響き——」で彼のことが放送された。

その日の昼間、楽譜出版の記念も込め、湯川れい子さんをお迎えしてファミローザ・ハーモニー・コンサートが行われた。「森林浴音楽浴で感動がいっぱい——女性作曲家珠玉の作品を集めて——」を科学技術館パスピエ会が主催して下さり、私の心の中は昼と夜で盛りだくさんになってしまった。このコンサートは、私たちの音楽活動に共鳴し、応援して下さっている湯川れい子さんのトークと、私たちファミリーの音楽とが一体となるよう心がけたものだったが、大好評だった。今回も主催して下さるところに恵まれ信念を伝えることができた。ありがたいと心から思う。このコンサートも話題を呼び、新聞、各音楽月刊誌、一般雑誌に掲載された。

六年目の年のクリスマスコンサートは、無人島にあるホテルの素敵な音楽ホールでのコンサート、そして高輪プリンスホテル貴賓館で、まさしく十二月二十四日クリスマスイヴに天からの贈り物のようにコンサートができた。この時いただいた祝電の中に――

――メリークリスマス　この佳き日に素晴らしい家族のハーモニーをプレゼントできることは最高の幸せですね。ますますのご発展をお祈りします。――

本当にありがたいこと！

彼が旅立って七年目を迎えた。この年の三月、長年勤めていた音楽大学附属中学及び高等学校を定年退職した。大学は非常勤講師で続けている。子どもが大人になっていく成長過程を音楽を通じて教育に携われたこと、しかも愛する母校で続けられたこと。目では見えない音楽の本質を大切にすることに信念を燃やし続けられたことは、感謝以外の何物でもないと思い、定年の挨拶の時、私の万感の想いは感謝の言葉とともに一言に集約できた。

「私はこの学校が好きでした」。

彼も大好きだったこの学校。彼とともに心から言えた言葉だった。そのことを幸せに思う。

私たちファミリーが日頃希望しているコンサートが、この年は春から実現した。0才児からお年寄りまで喜んでいただきたいのが念願！　まず東京都児童会館主催春休み音楽フェスティバル出演であり、打てば響くような楽しい子どもたちの素直な反応に私たちが酔いしれてしまう。こんな時、子ども大好きの彼がいたら大はしゃぎしてしまうのではないか。また、彼が生み出した〝夢のコンチェルト〟とともにできたら最高！　とイメージがいくらでもふくらんで楽しいコンサートだった。

そして、高齢者の方たちを対象とするコンサートも続いた。やはり反応もとても気持よく、終演後も感動を素直に伝えて下さり、私たちもやりがいを充分に感じさせられた。精神・健康の安定は、〝聴くこと〟でと言われるが、音楽による心のやすらぎ、解放感、そしてエネルギーの強化を年齢に関係なく味わっていただけたらこの上ない喜び。

一九九九年七年目の秋には、週刊読売の〝家族の風景〟の取材を受け、前編後編に分けて掲載された。共感を持ってもらえた脚本家の取材で、すべてもとはひとつと思っている彼にとって風船は魂であり、夢であり、愛であり、音楽でしたということを素直に語れた。そして、クリスマスイヴは昨年同様、高輪プリンスホテル貴賓館でのコンサートで締めくくれた。私の心の中には、魂の同一化した彼がいての一千年代最後のコンサートだった。このことに感謝し皆の幸せを祈り、二十一世紀目前の二〇〇〇年に大きな夢を託して、音楽で虹の懸け橋をかけたく七色の風船もともにした。

翌日、ファミリーでクリスマスホームパーティーをした時、私に素敵なプレゼントがあり感激して泣いてしまった。それは、可愛い小さなシルバー製のピエロ。ヴェネチアンガラスでできた赤・白・黄・緑の四つの風船を持っていて、ピエロの表情が彼によく似ていた。次女優美子が、お店で見つけた時、その前で動けなくなったという。似ているし、自分がここにくるのを待っていたかのようだった。そして私の所へ早く連れて行ってと言っているように見えた。すぐに姉妹に相談して皆で私に贈ろうと相談してのプレゼントだと話してくれた。

「おかえりなさい！」心の中で、思わずつぶやいてしまった。私にとって、四つの風船を持ったこのピエロは〝愛〟の形だった。

――音楽がここまで明るく生きさせた　心をつなぐ愛の懸け橋――

希望

「今度だけだから黙ってやらせてね。戻ってきたらその後は音楽第一でやりたいのだから」と彼は言って飛び立った。

人の感性が素直に生かされること、この見えないものを大切にすることに役立ちたいと無意識のうちに行動していた彼自身の中では、どれも別々ではないのだと思う。それだけにひとつの行動が違った形にとられ、誤解され、それを弁明もせずで、つらさも充分味わったと思う。彼は、待つことのできる天才だとさえ言える。時が、自然が大きな味方になることを信じていた。私が「原点さん！」と呼びたくなるほどに原点を見つめていた。自然とひとつになるよう、常に聴いていたと思う。この世にいて魂の旅をしたい。根源的な生き方を望めばそれは、暗やみの中で手探りで歩むのと同じことになるかもしれない。それでも……待って待って悔いのない〝この時〟を選ぶこと、時とともに育つことを彼に一番教えてもらったと思う。彼と私の魂の旅を、側で長く見てきた長女の胸にかかっているロケットには、夫と娘と彼と私がいる。それを見せてもらった時、私の心は躍った。私が心から引かれていた舞踊家イサドラ・ダンカンの言葉から。

《「あなたの魂で音楽を聞きなさい。さあ、音楽に耳を傾けていると、あなた方の内部深くに、内的自我の自覚を感じませんか。この自我の力で、あなた方の頭はもちあげられ、腕は高く掲げられ、光に向ってゆっくりと前進するのですよ」

多分、大人の中には魂の言語を忘れてしまった者もいるだろう。しかし、子どもたちにはわかっている。彼らにはただこれだけ言えばよいのだ。》

この感覚を忘れている大人がいたとしても、忘れているだけだと思う。皆もともと自分の中に宝物を持っているのだから。「共感」というところでは、魂が解放され、ひとつになれると信じている。彼が大冒険を実行する決心をさせた鳴き砂の音楽、足元から聴こえる音は、彼の魂をゆさぶったはず。いつも、人の心の役に立ちたいと思っていた彼。人の喜ぶ顔が自分の幸せのように思えた彼。体を張って「環境保護」に使命感を燃やした。すべて想いがひとつになって決心したのだろうと思う。その魂のつながりが、私にとってこの七年間、恋人とどこかで待ち合わせている時と同じ感覚でいられたのかもしれない。長く待っているうちに心配になるけど、それでも待ち続ける気持、そういう時って待っていることが楽しい。信じていたら必ず何かが舞い降りてくる。私にはそれだけが心にあり続けたから。その間に、彼の魂としっかりひとつになれる時がくるのか、頭ではわかっていても本当にはわからなかった長い時間、何事にも一体感を求めて生きてきた私にとって、それを実感として少しずつわからせてくれたのは彼の調律の賜物。といっても本当に情けないかな、また、頭だけの日がくると思う。どうかそんな時調律して欲しいと祈っている。

彼が旅立って母が他界するまでの五年半は、いろいろなところから何を聞かれても、言われても、書くように頼まれても心は動かなかった。彼を待つ気持をそっとして欲しいとだけ思い続けた。それをわかっている母は、具合が悪くなる前の元気な頃から言い始めていた。彼のことを、あなたが語らなくて誰が語るの？　あなたが書かなくて誰が書くの？　いつか書いてあげなくてはね、と優しい母にしては、それは約束よ、と強く言っていた。彼の元気な姿の最後の一枚の写真（一九九二年十一月二十五日朝、金華山沖八百キロで発見された時の写真）は、まさに彼自身の心の姿だと思った。私には信じられる姿の象徴であり、たくさんの風船は音のアンサンブルに思えた。

旅立った翌日は、朝焼けの素晴らしさと感激をこれ以上の歓声はないと思えるほどの大歓声で伝えてくれた。写真のある翌々日の早朝は、もう電話のつながらない所にいた彼。でも、その日の朝も曈々《とう》とした朝焼けに感動していたはず。私には空からの電話で前日伝えてくれた「見せたい見せたい」と歓声あげていた至福の時が、八年目を迎える今もしっかりと聴こえる。

彼は、失敗を恐れず何度でも挑戦できる社会で生きていきたいと言っていた。人間の可能性を求めて生き、極限に挑んだ彼。彼のすべてにおいて体当りでぶつかっていく根性を見て欲しい。「失敗を恐れないで！」と子どもたちをよく励ましていた。彼は、少年の頃から音楽を通して人の心の役に立ちたいと思ってきた人。そしてある時から、純粋に共感しあえる者同志としてその想いをずっと共有してきた。サン・テグジュペリの「星の王子様」は大切なものは目には見えないと言った。音楽人であった彼にとっては、音も心も目には見えない。音楽と離れたことをしているように見えてもその本質的なところでは、根はひとつ、生きてることと音楽は一緒なのだと。彼の中では何も分れていなかった。もとはひとつであるはずだということを実践していた人。今の日本にもっと夢を、希望をと言い続けていた。無私の精神で全力投球した。自分の頭のハエも追えなくて何で人のことができるのかとの批判もあると思う。バカな役を自然と担ってしまう人。一番大切なものってまわりからバカにされるという。

彼は机上の理論で人間の可能性に限界をつけてしまうことには、表には出さないが猛反発していた。やってみなければわからないと。彼の無私の心が、私も母も本当に好きだったし、素直に信頼できた。彼が創案したマイナスワンテープに関しても、このテープでご自分の人生観を左右するほどの影響を受けたと言われたあるピアノの先生が、彼が飛び立った後、お便りを下さった。

《石塚先生の公開講座に伺った時、舞台の上で、大切そうにテープを持っておっしゃっていたのがとても印象に残っています。先生はこうおっしゃいました。〝私にとって、このテープとの出会いは自分の音楽教育に対する想いと全く同じものなのです。このテープは、玉手箱であり、私の宝物です〟と。私はそのことに強く感動致しました。先生は、音楽教育に、そして先生の心と同じ理想を持つ鈴木さんに文字どおり命をかけられたのですね。》

いただいたお手紙に、思わず泣いてしまった。本当に純粋なところで強い意志を持って何かに臨むとわかった時、信じることが彼への愛情だと思った。今度のことも「僕を信じて！」で終始した。

今の私は、彼が魂を揺さぶる素晴らしい旅をしたことを信じられる。本当の自分自身とつながることこそが人間にとって幸せであり、それを求めていく過程こそが人生なのだと思う。彼の大きな夢の旅は、本当の自分自身を発見する旅になったと思う。彼は空で、私は地上で心の奥底を見つめる旅をしたと思う。真実を求める旅を！　自分自身の根源的な願いが何か、内側の声に耳をとぎ澄ませた。私は信じる。発想が純粋なものであるならば、必ずや〝愛〟が解決してくれると。すべてを包みこむ愛がたったひとつの救済だと。

私は今、プラス変換器になりたいと思う。マイナス条件に感謝して、マイナス条件さえも包みこんで、境遇や運命も味方に。みんな容れて、〝愛〟をふりかけ、プラスに変えたい。生きる上で、一番大切なのは愛。これしか答はないと思っていたが、やはり本当だったと思う。共感を持つことができ、信ずることによってやすらぎを覚えながら待てたことは幸せだったと思う。人間と人間の共同は、まさに愛に支えられた意志の統一によっては奇跡が起こり得るといわれるが、私たちファミリーの音楽は、彼が奇跡を起こしてくれたと思っている。調律師の彼に見えない所で調律されて今の姿があると思っているので何といっても彼が一番喜んでくれていると思う。彼とひとつの意志になってひとつの目的に向かって愛を注ぐ。音楽を通じ、少しでも多くの人々の心に幸せの灯をつけて廻る聖火ランナーになれたらと、あ・うんの呼吸の三姉妹とともに心に念じている。

二〇〇〇年一月にはドイツのモーツァルト協会からニューイヤーコンサートの招聘を受け、国際交流基金の助成も受けられて、ファミリーでドイツ・イタリアでコンサートを行い、お陰で予想を遙かに上回る絶賛をいただくことができた。折しも、「ドイツにおける日本年」の認定行事にもなった。今回の海外演奏旅行は、感動の連続だった上に、自分たちの音楽に対する姿勢を強く確信でき、さらなる大きな希望をしっかりと与えてくれて、本当に有意義な体験だった。

帰国後、翌月の二月に鳥取文化会館大ホールでコンサートがあり、その中で私たちとともに連弾するコーナーに身障者の方が参加され、また、映像もとり入れてまさに、彼の願いがひとつになったコンサートだった。そして、五月には〝メモリアルアートの大野屋〟主催のコンサートが決まり、スポンサーのお陰で帰国コンサートはポリシーを貫くことができた。〝心の源流を音楽浴で〟という想いで祈りの気持を込めプログラムを組んだ。コンサート後、今回はとくに嬉しいメッセージがたくさんで、その中に私たちの名前（由紀子、恵美子、優美子、富美子）を詠みこみ、ファミローザ・

ハーモニーの精神を、詠って下さるというこの上ない希望の湧き起こる贈り物があった。

知恵に富み優しく自由な音の美を　世紀を越えて子子孫孫に

どこまでも果てしない大空に色とりどりの大きな風船とともに彼が旅立って八年の歳月が流れた。この年彼は還暦を迎えた。世間がどう言おうと、どう見ようと彼は純粋以外の何ものでもないと言い切れるほど、純粋だった。私自身は、その純粋さに支えられ、プラス志向の性格が幸いしてか自然とのつながりの中で感謝し、明るく生きて来られた。と同時に、それがつながらなくなった時にはと覚悟もして生きてきた。彼の思いを、彼の夢をどこまで表せるか、私自身がもっと成長しなければ無理と何度も躊躇しながら遺書のつもりでこの本を、おそるおそる書き始めた。本当にお尻の重い私は、どうしても腰を上げねばならない時がきてやっと……書いてはやめ、また見えない力に押されて書き、を繰り返して。

今まで、私たちの生まれた国において、音楽という聴くことと生活していることが別物になっていることをひとつにできたらと、クラシックをもっと親しめるものに、自然から生まれ出ずるようなものにできたらと、そして音楽の持つ力が人の心の大きなエネルギーになることに役立って欲しいと、大きすぎる夢を、彼とともに強く持って生きてきた。夢はしっかりあれど、その夢の重さにこの世では応じられないのでは、と思った途端、「冒険してからでも遅くない」という声がはっきり聴こえてきた。その瞬間、彼の最後に飛び立つ時の固い決意はこれだったのだと思えた。彼こそ、聴く生活の中に生まれ、育ち、生きてきた人、私の想いどころではない。体に泌みこんでいるその想いを、実現したかったのだ。人のやらないことに挑戦した。それを冒険と呼ばなくて何と呼ぶのだろう。見えない意識の源をつなげようとする冒険。本当に真剣になって、自分のあるひとつの目的に対して精一杯頑張れば、それは冒険。それを深く認識した私は、彼と同じように行けるところまで行く冒険をしようと思った。今までも小さな冒険はしてきたと思うけど、これからは彼と同じ大冒険だから、もっと笑ってできる。

彼の旅立ちの時、最後に握手なさった方が話して下さった。彼は、上に上がりながら満面笑顔で「最高！　最高！」と歓声を上げていたことを。

魂がひとつになれる人とこの世で会えた　それだけで最高にしあわせ！

私たちは今、あなたが一番やりたかったことを、音楽を通して、世の中の役に立ちたかったことを、人の心の役に立ちたかったことを、あなたに喜んでもらえるように、使命感を持って、あなたの夢を正夢にしようと立ち上がっています。立ち続けるエネルギーを、与えてくれているのはあなたです。かけがえのないプレゼント、おみやげを本当にありがとう。〝愛〟をたくさんたくさんありがとう。あなたはすごい！　宇宙と呼応し合って、本当の音が聴けるよう、響きが消えないよう、後で良くなるよう調律してる。夢を現実にしている。〝音楽浴〟の世界で役立てるよう、ますます良き調律を祈ります。

――音楽を心ひとつに伝えたい　全てとけあう愛になれたら――

エピローグ

遺書のつもりで書き始めたこの本、彼が旅立って八年目を迎える十一月に出版されるこの本を書き終えて、〝人生よ、どうもありがとう！〟の一言につきます。

プロローグにありますように、この本を書くにあたって、彼が夢の中で私につけてくれた〝翼〟は、自由に飛べるように、夢をはこべるように調律してくれたのだと心から思います。

私事ですが、この本の第一章〝信頼〟のマスコミに登場した瀧本英雄さんと三女富美子が、この二〇〇〇年十月はじめ、風船の深い縁で結婚いたしました。二人はこの運命的な出会いに心から感謝して、開けると風船がとびだすカードに〝ズーさんへ〟と想いを記してくれました。感激！

お互いの家族同士も八年前から本音で暖かいおつきあいをしてまいりました。また、十月末には、長女夫婦に第二子響生《ひびき》（男子）誕生。私を理解してくれている長女の夫・津幡文毅が、この本のカバー絵・イラストを描いてくれたのも嬉しいことでした。また、この本を書き終えた時、偶然にも長女が十歳の時、書いた詩を見つけました。

ふと、現れたこの詩を読んで、誰もが描く夢を彼は実現したのだと、たまらなく〝ほっとした気持〟になりました。ここに記したいと思います。

空へ

わたしは空を飛びたい
鳥よりも速く　飛行機よりも速く
風よりも速く
　きっと　気持ちいいだろうな

わたしは空を飛びたい
飛んで　飛んで　もっと飛んで
世界一周をしたい
　きっと友達がたくさんできるだろうな

わたしは空を飛びたい
地球をはなれて　宇宙に出たい
宇宙人にあって
円ばんにのせてもらう
　きっと　星がきれいだろうな

わたしは空を飛びたい

朝のすがすがしい空
昼のあたたかい空
夕やみの空
星の空
思いっきり飛んでいきたい
　きっとすばらしいことが
　　待っているだろうな

　そして、この本のことで、多くの方々の愛情をたくさんいただいたことを、この場をお借りして心からお礼申し上げます。とくに、この本の出版にあたっては、彼のことも知っておられ、「風船おじさんのこと」という文章を書いて下さいました毎日新聞編集委員の川鍋亮さんに、未來社の編集者石田百合さんをご紹介いただき、大変お世話になりました。石田さんとの出会いは、私にとって、とても幸せなことでした。皆様の愛情と信頼と励ましでこの本が生まれましたことを、心から感謝申し上げます。

　本当に、どうもありがとうございました。

――この世にて魂の旅ができたこと　感謝の気持だけが湧いてくる――

二〇〇〇年秋

石塚　由紀子

著者紹介

石塚由紀子（いしづか・ゆきこ）
1939年 東京生まれ
1958年 国立音楽大学付属高校ピアノ科卒
1962年 国立音楽大学器楽学科（ピアノ専攻）卒
1963年 国立音楽大学専攻科（ピアノ専攻）修了
1963年 同大学付属中、高校、同大学ピアノ科講師
1999年 同大学付属中、高校定年
　現在 同大学ピアノ科講師
1994年 国際家族年に3姉妹の娘とともに「Famirosa harmony（ファミローザ・ハーモニー）」として本格的に演奏活動開始。
1995年 CDアルバム「La femme musicienne」を発表
1998年 楽譜「女性作曲家ピアノ曲集」を編纂、出版
2000年 海外演奏旅行（ドイツ・モーツアルト協会の招聘）
Email:famirosa@remus.dti.ne jp
http://www.remus.dti.ne.jp/〜famirosa

風船おじさんの調律

発行——二〇〇〇年十一月二十三日　第一刷発行
　　　　二〇〇五年十二月二十六日　第二刷発行

定価（本体一五〇〇円＋税）

著者©——石塚由紀子
発行者——西谷能英
発行所——株式会社　未來社
東京都文京区小石川三―七―二
振替〇〇一七〇―三―八七三八五
☎(03)3814-5521
URL:http://www.miraisha.co.jp/
Email:info@miraisha.co.jp

印刷・製本——図書印刷

ISBN4-624-50129-2 C0036

（消費税別）

高橋眞知子著
笛吹きのおらんだ語り
オランダに在住し、国際的フルーティストとしてコンセルトヘボーを拠点に活躍中の著者が、30年に及ぶヨーロッパ生活で織りなした日々のドラマ。しなやかで鮮烈な感性が躍動。一六〇〇円

張さつき著
母の贈りもの
〔神戸に暮らして〕独り暮らしの上手な93歳の母、敬愛する人、友、家族への思い、旅の話、阪神大震災の体験。いのちを慈しみ精一杯生きる歓びを爽やかに紡ぎ出す心暖まるエッセイ。一七〇〇円

朴慶南著
クミヨ！（ゆめよ）
〔キョンナムさんと語る〕在日韓国・朝鮮人二世であるキョンナムさんが〈ラジオたんぱ〉で語った自分の思いは、リスナーたちの心に深く届いた。声と手紙による出会いの記録。一五〇〇円

黒沼ユリ子著
アジタート・マ・ノン・トロッポ
著者はメキシコ在住の国際的ヴァイオリニスト。女性としてまた幅広い国際人としての経験を通し、芸術家の社会的責任を問いつつ、自己を、日本を、世界を再発見する記録である。一五〇〇円

A・M・R・モーゼス／加藤恭子訳
〔新版〕モーゼスおばあさんの絵の世界
〔田園生活一〇〇年の自伝〕70歳をすぎて初めて絵筆を持ち101歳で亡くなるまで、アメリカの田園風景・生活を描きつづけたグランドマア・モーゼスの自伝。肖像・カラー絵12枚収載。二五〇〇円